동아시아한국학 교양총서 09

동아시아한국학의 발자취

인하대학교 한국학연구소 편

동아시아한국학 교양총서 09

동아시아한국학의 발자취

ⓒ 인하대학교 한국학연구소, 2017 Printed in Incheon, Korea

1판 1쇄 인쇄 ‖ 2017년 8월 20일
1판 1쇄 발행 ‖ 2017년 8월 30일

엮은이__인하대학교 한국학연구소
펴낸이__홍정표

기 획__인하대학교 한국학연구소
　　　　주소__22212) 인천광역시 남구 인하로 100
　　　　전화__032) 860-8475
　　　　홈페이지__http://www.inhakoreanology.kr

펴낸곳__글로벌콘텐츠
　　　　등록__제25100-2008-24호
　　　　이메일__edit@gcbook.co.kr

공급처__(주)글로벌콘텐츠출판그룹
　　　　편집디자인__김미미 기획마케팅__노경민 이종훈
　　　　주소__서울특별시 강동구 천중로 196 정일빌딩 401호
　　　　전화__02) 488-3280 팩스__02) 488-3281
　　　　홈페이지__http://www.gcbook.co.kr

값 12,000원
ISBN 979-11-5852-162-2 03300

이 책은 2007년 정부(교육과학기술부)의 재원으로 한국연구재단의 지원을 받아 수행된 연구임(KRF-2007-361-AM0013)

인하대학교 한국학연구소는 1986년 설립된 이래 어학, 문학, 역사, 철학, 종교, 문화를 중심으로 한국학의 제반 학문분야에 대한 연구를 꾸준히 수행해왔습니다. 특히 2007년부터는 '동아시아 상생과 소통의 한국학(Koreanology for East-Asia Community)'이라는 아젠다(Agenda)를 중심으로 공동연구를 진행하고 있습니다. 우리 연구소의 성원들은 이러한 아젠다에 대한 연구를 심화하고 그 성과를 시민들과 공유하기 위한 방법을 다각적으로 모색해왔습니다. 그 일환으로 뉴스레터를 발행하여 연구소의 학술활동을 정리하고 그 의의를 소개해왔습니다. 또한 연구자들이 노력을 기울이고 있는 연구주제에 대해 그 경과와 성과를 함께 공유하기 위해 연구노트를 뉴스레터에 남겨왔습니다. 나아가 '동아시아한국학'이라는 아젠다를 시민들과 공유하기 위해 인천일보 칼럼난에 연구인력 각자의 사유와 통찰을 다채롭게 보여주는 글들을 연재했습니다. 『동아시아한국학의 발자취』는 그간의 경과와 성과를 갈무리한 것입니다

　제1부에 실린 글들은 동아시아한국학이라는 아젠다 속
에서 연구소의 성원들 각자가 지니고 있는 문제의식을 반
영한 칼럼들을 모은 것입니다. 이 칼럼들은 ≪인천일보≫
에 〈동아시아와 한국학〉이라는 제목의 코너 하에 연재된
것인데 역사, 철학, 문학, 문화 등 다양한 전공의 연구자들
이 동아시아한국학과 관련된 깊이 있는 통찰을 전개하는
현장을 접할 수 있게 해줄 것입니다. 또한 상생과 소통의
동아시아한국학이라는 아젠다가 단지 상아탑 안에서 진행
되는 학문적 연구의 대상에 그치는 것이 아니라 시민들의
삶 속에서 중요한 문제로 대두되고 있음을 확인할 수 있게
합니다.

　제2부에 묶인 글들은 한국학연구소에서 발행하는 뉴스
레터에 연재된 연구노트를 모은 것입니다. 이 연구노트는
본 연구소의 연구자들이 아젠다와 관련하여 집중하고 있는
연구 내용 및 최근의 연구 성과를 보여주는 노트입니다. 본
연구소는 지난 10년간 '상생과 소통의 동아시아한국학'이
라는 아젠다와 관련된 여러 영역들을 구성하여 연구를 진

행해왔습니다. 그 일환으로 한국학의 복수성複數性을 확인하고 이에 기반해 복수複數의 한국학들의 지형도를 보여주며 다양한 관점의 한국학들을 수렴하고 또 확산해왔습니다. 2부에 실린 글들은 그간 본 연구소가 동아시아한국학과 관련하여 수행해온 연구 성과의 편폭과 깊이를 짐작하게 할 뿐더러 추후 한국학 연구의 중심 아젠다가 될 만한 연구 주제들을 제안하고 있다고 할 수 있습니다.

제3부에 실린 글들은 지난 10년 간 우리 연구소가 진행해온 학술행사의 경과와 의의를 기록한 글들을 모은 것입니다. 그간 우리 연구소는 국제·국내 학술대회, 콜로퀴엄, 학술세미나, 연구발표회, 대중강의 등 다양한 학술행사를 진행해왔습니다. 구체적으로는 인천학 및 해항도시 연구, 동아시아 권역 내 복수의 한국학, 미국 및 동유럽 등 구미 권역의 한국학 등 3가지 세부 아젠다에 따라 학술행사를 진행해왔습니다. 여기 묶인 글들은 그 발자취에 대한 자세한 안내가 될 뿐만 아니라 동아시아한국학과 관련된 학술활동의 갈래를 짐작할 수 있게 합니다. 나아가 이 글들은 동아시아

한국학과 관련된 기존의 성과를 한 단계 업그레이드하기 위해 추후 어떤 학술적 기획 등이 필요할 것인지를 가늠해 보게 할 것입니다.

　끝으로 어려운 출판 상황에서도 인문학 발전에 기여코자 하는 일념으로 꾸준히 〈인문학시민강좌〉를 출판해 주는 글로벌콘텐츠 홍정표 대표이사님과 편집팀에게도 감사를 드립니다. 모쪼록, 이번 교양총서가 동아시아한국학의 발자취를 더듬고 새로운 도약의 지향점을 살피는 데 일조할 수 있기를 기대합니다.

2017년 8월

인하대학교 한국학연구소

소장 이봉규

contents

제1부
동아시아한국학의
발자취 1
: 아젠다 컬럼

동아시아와 인류人流, 조선시대의 귀화와 이민

＝임학성(인하대학교 한국학연구소 HK교수)

동아시아에서는 아주 오래 전부터 인적, 물적, 문화적 교류를 이어왔다. 근래 동아시아 학계에서는 이러한 교류를 3류, 즉 인류人流·물류物流·문류文流라 명명하고 확인시키려는 노력도 적지 않다. 그런데 교류에는 반드시 질서체제가 형성되며 그 질서 내에서 순환 프로세스가 작동되어야 했다. 이 질서체제를 지탱한 명분이 바로 순리順理와 공리公利였다. 그런데 19세기 중엽까지 동아시아의 질서체제는 '중화中華' 또는 '화이華夷' 인식을 바탕에 깔고 있었다. 천자天子 국가 중국의 주변국들은 '계란으로 바위 깨는' 행위는 역리逆理라며 감히 엄두도 내지 않는 대신 천자가 하사하는 경제적 실리를 추구하였다.

전통시대 동아시아 질서체제 속에서의 인적 교류는 귀화와 이민으로 나타났다. 현대는 '地球村'사회이기에 귀화인에 대한 인식 및 대우가 향상되었지만 과거 특히 조선시대에만 하더라도 귀화인들은 늘 '타자'이자 '소수자'로 존재할 수밖에 없었다. 그 주된 이유 또한 중화질서체제였다. 조선왕조는 중화질서에 입각한 '화이관華夷觀'을 적극 수용하여 명나라와 함께 스스로를 '화(즉, 선진·문명)'로 설정한 반면, 조선의 경계를 넘나들었던 여진女眞과 왜倭를 '이(즉, 후진·야만)'로 간주하였다.

따라서 여진인과 왜인을 조선으로 귀화시키는 프로세스는 바로 야만을 문명되게 가르쳐 변화시키는 과정이었다. 귀화인에 대한 인식 행위가 '야만인 사람 만들기'에 있다보니 제 아무리 조선의 국적을 취득했다 하더라도 귀화인들은 조선시대 내내 "조선 임금의 은덕에 감화되어 조선의 백성이 된 야만인"을 뜻하는 '향화인向化人'이라는 호칭을 자손대대로 붙이고 살았다. 결론적으로 조선 지식인들은 스스로를 중화질서에서의 '넘버 2'로 자부하면서 한족漢族을 제외한 모든 종족들을 자신들보다 열등한 존재로 무시하는 나름 '순리 속의 역리'를 자행했다고 하겠다.

그런데 이러한 무시·수모는 부메랑이 되어 조선인들에게 그대로 되돌아왔다. 19세기 후반, 수백 년 간 '봉금封禁' 지역으로 묶여 있던 만주 땅이 풀리자 수많은 사람들이 압록강과 두만강을 건너 간도間島 지역으로 들어가 농토를 일구었다. 이들 이주민들의 대다수는 두만강 변에 위치한 함경북도와 압록강 변에 위치한 평안북도에 살던 땅 없는 농민들이었다. 18세기 말(1789년)~20세기 초(1907년) 기간 동안 두만강과 압록강 연안에 위치한 함경북도와 평안북도 주민들의 인구수가 무려 30~50%나 감소한 사실은 이들 주민들의 대량 이주를 입증하고 있다. 더군다나 1860년대 함경도와 평안도 지역에 그 전례가 없던 극심한 흉년이 닥쳤기에 해당 주민들의 생활은 이루 헤아릴 수 없을 정도로 참혹했다. 이런 여러 정황을 미루어 볼 때, 조선인들에게 간도 지역은 '기회의 땅' 또는 '신천지'로 인식되었을 것이다. 마치 미대륙과 호주가 유럽인들에게 그러했듯이….

그런데 조선인들의 간도 이주 및 정착은 그리 편안한 과정이 아니었다. 왜냐하면 조선인과 함께 청국인들도 이 지역으로 이주·정착하였기 때문이다. 물론 수적으로는 조선인들이 많았으나, 시간이 지나면서 두 이주 집단 간의 언어

불통 및 문화적 이질감 등으로 잦은 마찰이 발생하였다. 이러한 두 집단 간의 마찰은 조·청 양국 정부에게는 큰 골칫거리였고 결국 주도권(즉, 간도 땅이 누구의 홈그라운드이냐?) 다툼으로 확장되었다. 특히 국경문제를 다루기 위한 조·청 양국 간의 두 차례(1885년과 1887년)의 '감계담판勘界談判'이 결렬되면서 간도 지역 조선인 및 마을에 관할권 행사문제가 주요 사안으로 대두되기도 하였다. 이에, 조선(당시는 대한제국) 정부는 간도에 거주하는 자국민의 피해상을 조사하여 위무·보호하기 위해 관리를 파견하고 호구戶口를 조사하는 노력을 기울였다. 그렇지만 당시 정부는 강 건너 지역으로 건너간 조선 이민자들을 제대로 보호할 능력이 없었다. 결국 대다수 조선인들은 청국의 강압과 회유를 견디지 못하고 이른바 '치발역복雉髮易服'이라 하여, 두발과 복장을 만주족 특유의 것으로 바꾸고 청국에 입적入籍할 수밖에 없었던 것이다.

조선 전기 중화질서체제의 명분하에 우리가 여진족과 왜인 귀화인들에게 행했던 차별과 무시가, 19세기 말 중화질서체제가 붕괴된 시점에 이르러 만주로 간 우리 이민자들이 청국인(여진족)들에게 그대로 되돌아오는 일이 발생한 것이다.

동아시아 체계를 순환시켰던 중화질서체제가 제 기능을 잃은 탓일까? 그렇다면 근래 다시 부활하려는, 아니 오히려 중앙아시아를 넘어 유럽으로까지 확장하려고 하는 '신중화질서체제' 공정工程은 우리에게 득일까, 실일까?

때를 놓치면 자존을 잃는다

≡조강석(인하대학교 한국학연구소 HK교수)

19세기 말과 20세기 초에 한반도를 방문한 외국인들이 남긴 기록을 보면 흥미로운 점들이 많이 눈에 띈다. 100년이 더 지난 지금 우리가 봐도 낯설어 보이는 풍경과 생활상이 그들에게는 어떻게 보였을지 짐작하기 어렵지 않다.

더군다나 중국이나 일본과는 달리 이제 막 문을 열기 시작한 '은자의 나라'로 불리던 조선의 모습은 여러 가지로 낯설고 이국적인 것이었으리라. 그런데 이 짐작을 무색하게 하는 공통된 증언들이 있어 눈길을 끈다. 바로 '서울의 관문'으로 불리던 제물포의 첫인상이 그것이다.

당시 외국인들이 이 나라의 수도인 서울을 방문하기 위해서 반드시 거쳐 가야 했던 관문이 바로 제물포였다. 서울에 이르는 가장 일반적인 경로는 일본 나가사키에서 부산항을 거쳐 제물포에 도착하고 다시 여기서 서울로 향하는 것이었다. 물론 중국 쪽에서의 접근도 가능했는데 베이징 인근의 항구인 치푸(지금의 옌타이[煙台])에서 배를 타고 제물포에 도착하는 경로도 이용되었다.

제물포에서 서울에 이르려면 40㎞쯤 되는 육로를 통해야 했는데 1899년에 인천-노량진 사이의 기차 노선이 개통되고 이후 1900년에 한강철교가 준공된 뒤에는 인천-서대문 사이를 있는 경인선이 중요한 이동수단이 되었다. 그러므로 어떻게 보나 당시 서울을 방문하려는 외국인들에게 조선의 첫인상을 선사한 것은 제물포였다. 그런데 그들이 처음 본 것은 제물포지만 그들에게 제물포는 조선의 항구가 아니었다.

1894년 겨울과 1897년 봄 사이 네 차례나 조선을 방문한 영국 왕립지리학회 최초 여성 회원 이사벨라 버드 비숍은 『조선과 그 이웃나라들』(1897)에서, 제물포에서 처음 접하게 되는 것은 조선이 아니라 일본이라고 기록하고 있다.

이인화가 번역한 책에서 그녀의 말을 직접 옮겨 본다.

　독자들은 아마 한국인은 제물포 어디에 있는가라고 의아해 할 것이다. 사실 난 그들을 잊어버렸었다. 왜냐하면 그들의 비중은 얼마 되지 않기 때문이다. 일본인 거주지가 서울로 가는 큰 길의 거의 전부를 차지하고 있으며 한국인의 마을은 그 바깥에 위치한다. 영국 교회가 서 있는 언덕 아래로부터 그 언덕을 타고 오르며, 더러운 샛길을 거쳐 닿을 수 있는 모든 암층 위에 한국인들의 토막이 꽉 들어차 있다. 주요 도로에서는 아버지들의 무기력을 본뜨고 있는 때 묻은 아이들의 조용한 모습을 볼 수 있다.

　이런 인상이 이사벨라 버드 비숍에게만 있었던 것은 아니다. 활동사진으로 자신이 방문한 여행지의 모습을 찍고 이를 바탕으로 강연을 벌인 것으로 유명한 버튼 홈즈의 경우도 마찬가지이다.

　조선 최초의 활동사진 상영 기록을 남긴 것으로 알려진 버튼 홈즈 역시 제물포의 첫 인상에 대해 도시의 반은 유럽풍이고 반은 일본풍이며 보잘 것 없는 원주민 구역도 있다는 말을 남기고 있다.

그도 그럴 것이 나가사키 쪽에서 부산을 거쳐 제물포에 왔던 이사벨라 버드 비숍도, 중국 치푸에서 배를 타고 제물포에 왔던 버튼 홈즈도 공히 일본 우편선박회사의 배를 타고 일본인 관리와 중국에서 파견한 영국인 세관원 등이 있는 '반 유럽풍 반 일본풍' 항구에 처음 발을 디뎠기 때문이다. 이 둘의 기록 모두 1905년이나 1910년 이전의 일이다.

이사벨라 버드 비숍이나 버튼 홈즈는 그래도 각기 세계 각지의 풍물지와 민속지를 기록하는 학자거나 활동사진을 이용해 여행지의 모습을 객관적으로 담고자 하는 관찰자로서의 태도를 유지한 사람들이다.

또한 이들은 여정을 계속하면서 '은자의 나라'의 속을 더 깊이 들여다볼수록 새삼 조선에 대한 관심과 애정을 표현한 사람들이다. 비슷한 시기에 러일전쟁을 취재하는 과정에서 조선에 대한 인상기를 남긴, 『강철군화』의 작가 잭 런던이 드러낸 모멸에 가까운 태도와 비교를 한다면 그 차이는 확연하다. 그러나 그런 이들의 눈에도 서울의 관문인 제물포는 우리가 사진으로만 상상하는 것 이상으로 남들의 도시였다.

객관적 관찰자로서의 태도를 유지하려 노력한 버튼 홈즈의 조선방문기 초판의 마지막 단락은 일종의 전망으로 채워져 있다. 대한제국을 둘러싸고 전개되는 지배권 다툼에서, 전기電氣를 가진 미국, 종교를 지닌 선교사들, 군대와 상술의 일본, 외교와 인내의 러시아, 무희와 지관地官을 가진 대한제국의 황제 중 누가 우위에 서게 될까를 물은 뒤 그는 러시아와 일본이 유력한 세력이되 아마도 승자는 "용감하고 능력 있고 예술적인" 일본의 자손들이 될 것이라고 전망하고 있다.

2015년 4월 현재 한반도를 둘러싸고 전개되고 있는 정황이 심상치 않다. 자존심과 실리, 역사와 계획을 모두 아우르는 주변국들의 외교가 시시각각 전개되고 있다. 지리상의 대척점에서 교민을 위로하고 패션쇼를 독려하는 것보다 시급한 일들이 널려 있다.

시인 정지용은 「백록담」에서 "우리 새끼들도 모색毛色이 다른 어미한틔 맡길 것을 나는 울었다"고 썼다. 자신의 운명을 스스로 결정하지 못하는 것의 고단함을 우리는 여실히 알고 있다.

'짠물'의 미래가치

≡김만수(인하대학교 한국학연구소 일반연구원)

인천 사람들은 자신들을 '짠물'이라고 부르면 대부분 싫어한다. '짠물'이라는 표현이 인색함이나 몰인정을 연상시킨다고 생각하기 때문일 것이다. 어떤 분들은 인천의 당구 벌칙이 너무 엄격하고 짜서 '짠물'이라는 말을 썼을 뿐, 인천사람들의 인정이 결코 짜거나 박정한 것은 아니라고 변명하기도 한다. 얼마 전 TV인터뷰에 출연한 유정복 인천시장도 그런 변명을 하는 것을 들었다.

하긴 인천이 '짠물' 때문에 좌절한 적도 있었다. 고구려의 시조 주몽의 아들인 온조와 비류는 한강 유역으로 남하하였는데, 비류는 신하들의 의견을 따르지 않고 습하고 물이 짠 미추홀彌鄒忽, 즉 현재의 인천 지역에 정착하는 바람에 결국 나라 건설에 실패하였다고 한다.

지금으로부터 2000년 전의 일이다. 그런데 생각을 바꾸어보면, '짠물' 때문에 실패한 역사는 과거의 일이고, 이제 '짠물' 때문에 새로운 미래를 개척할 수 있는 가능성을 가지게 된 곳이 바로 인천이라고 볼 수 있다. 인천항과 인천공항을 가지고 있는 인천이야말로 동아시아의 허브이자 물자교류, 문화교류의 중심이 될 수 있기 때문이다.

이탈리아의 베네치아나 네덜란드의 암스테르담의 융성은 인천의 미래에 대한 중요한 시사점을 담고 있다. 외적의 잦은 침입과 전제군주의 폭압에 지친 사람들이 갯벌로 밀려나와 만든 도시가 바로 르네상스를 이끈 도시 베네치아이다. 그들은 수만 개의 나무 말뚝을 박아 지반을 단단하게 다지면서 동방과의 무역로를 열었고, 갯벌 위에 만든 그들의 도시는 동로마제국 몰락 이후의 시대적 공백기를 틈타 동방과 교역하면서 상상을 초월한 부를 쌓았다.

네덜란드는 바다와 짠물, 그리고 매우 습한 소규모의 농토만을 가진, 유럽의 작은 나라이다. 그러나 네덜란드는 신앙의 자유, 사상의 자유와 같은 민주주의적인 가치를 가장 먼저 실천한 나라이다. 네덜란드는 일찍이 개방적인 태도로 상인의 길을 개척했던 바, 이러한 개방성은 종교의 박해를 받던 유럽의 많은 부자들이 이곳으로 모여든 이유가 되었다.

인천에서 비행기를 타면 산둥성의 청도에 도착하는 일이 제주도 가는 것만큼이나 가깝다는 사실에 놀라게 된다. 하긴 지금도 당진이나 어청도에는 산둥성의 닭 우는 소리가 들린다는 믿거나말거나 할 이야기가 전해지지만, 인천이야 말로 인구 1억의 산둥성에 가장 가까운 지역이기도 하다.

인천에서 비행기를 타면 2시간 이내에 도착할 수 있는 반경 내에 인구 100만 명 이상의 도시가 49개나 있다는 보도를 접한 적이 있다. 이러한 천혜의 네트워크는 유럽이나 미국에서조차 찾아볼 수 없다. 우리는 인구 10만 정도의 중소도시와 인구 100만의 대도시를 동일시하는 경향이 있으나, 사실 인구 100만 이상의 도시는 거대 도시(metropolis)라는 별도의 이름이 부여될 필요가 있다.

인구 100만 정도가 되어야 대량소비의 상징물인 백화점이 들어설 수 있고, 시에서 전적으로 재정을 책임질 수 있는 세계적 수준의 오케스트라나 극장이 가능하기 때문이다. 행복하게도 인천은 이러한 49개의 거대도시와 교역할 수 있는 교류의 중심부에 놓여 있다.

이러한 천혜의 가치야말로 '짠물'의 미래적 가치이다. 지금 중국은 동서문제로 심한 갈등을 겪고 있다고 한다. 바다와 접할 수 없는 중국 동부의 신장, 위구르, 운남, 사천성 등의 경제수준은 매우 낙후되어 있는 반면, 항저우, 상하이, 산둥반도 등으로 대표되는 중국 서부의 해안지역은 외국과의 교역으로 인해 눈부신 성장을 거듭하고 있기 때문이다. 중국 정부는 이러한 소득의 격차를 줄이기 위해 고심하고 있다지만, 바다와 연결될 수 없는 동부지역의 개발은 더딜 수밖에 없다.

중국은 명나라 말기까지 세계 최대의 강대국이었다. 명나라의 정화는 1405년 함선 62척에 총 승무원 2만 7,800명을 태우고 바다 원정을 떠났다. 이후 정화는 일곱 차례에 걸쳐 동남아시아, 인도를 거쳐 아라비아 반도, 아프리카까지 항해하였는데, 그들이 이룬 경제적인 성과는 없었다. 그들은 모든 것이 중국에 다 있으니 굳이 해외에서까지 무엇을 얻을 게 없다고 생각한 모양이다.

어쨌든 중국은 이후 바다를 망각했고, 그 결과 바다의 가치를 먼저 발견한 유럽에 의해 국토가 침탈되는 아편전쟁(1840년) 이후의 비극으로 이어진다. 중국이 세계의 패권을 잃게 된 결정적인 요인은 바다의 가치를 경시했다는 것에서 찾을 수밖에 없다. 그러니 이제 인천은 '짠물'을 자랑할 때가 되었다.

'우리'에게 '연변'은 무엇인가?

≡우경섭(인하대학교 한국학연구소 HK교수)

　　필자가 몸담고 있는 인하대학교 한국학연구소는 2007년부터 '동아시아 상생과 소통의 한국학'이라는 아젠다 아래 인문한국 사업을 수행하며, 일국의 경계를 넘어선 새로운 한국학의 정체성을 창조하기 위해 노력해왔다.

　　이 목표를 달성하기 위한 방법론으로, 해외 각 지역의 한국학 연구가 각각의 자국학적 전통의 흐름 속에서 독자적으로 수행되고 있음에 주목하며 '복수複數의 한국학'이라는 개념을 제시한 바 있다. 그리고 이러한 관점 아래 중국 연변 학계의 역사적 형성과정 및 그곳에서 수행돼 온 '민족학'

연구의 성과에 주목해왔다.

조선후기 이후 중국 동북지역으로 이주해 새로운 민족학의 전통을 창조해 온 연변조선족 사회에 대한 연구는 국경을 초월해 존재하는 다양한 한국학의 전통을 탐구하려는 우리 동아시아한국학의 핵심 연구 과제 중 하나다.

200만 명에 달하는 조선인들이 한반도와 다른 역사적 환경 속에서 창조한 그들 나름대로의 민족적 정체성과 문화적 성취는 '복수의 한국학'이라는 개념 아래 새롭게 재조명될 필요가 있다.

더욱이 중국과의 관계가 점점 더 긴밀해지는 지금, 그들의 역사적 경험과 거기에서 배태된 민족학의 성과는 학문적으로나 현실적으로나 간과할 수 없는 연구 영역의 하나가 될 것이다.

그동안 한국인에게 연변을 포함한 만주라는 지역은 두 가지 역사적 이미지로 기억돼 왔다. 첫째는 '고구려'라는 단어에 함축돼 있는 영광스러운 고대사의 역사상이며, 둘째는 식민지 시기 항일운동의 근거지로서 고난에 찬 독립운동의 역사상이다.

20세기 전반 국민국가 건설의 과정에서 형성된 이 같은 인식은 민족주의 담론의 연장선상에서 그 역사적 의미를 부여할 수 있을 것이다. 그러나 그 같은 기억의 방식 속에서 고향을 등지고 그곳으로 건너간 사람들의 구체적인 삶의 실상이 망각됐던 것 또한 사실이다.

연변은 결코 '국사'의 시각만으로 온전히 이해할 수 있는 곳이 아니다. 17세기 중반 호란 패전의 결과 포로가 되어 끌려갔던 사람들, 18세기 인삼과 농경지를 찾아 목숨을 걸고 범월했던 사람들, 19세기 후반과 식민지 시기 한반도의 가혹한 정치·경제적 환경으로 말미암아 고향을 떠나야 했던 사람들이 그 곳에 정착하기까지 겪었던 간난신고는 분명 한반도에 정주해 온 우리들의 역사적 경험과 상당한 차이를 지닌 것이었다. 따라서 그들의 삶을 보다 합리적으로 이해하기 위해서는 '국사'의 틀을 넘어서 '동아시아사'라는 보다 확대된 시야가 필요할 것이다.

게다가 1949년 중화인민공화국 성립 및 뒤이은 한국전쟁의 결과, 한국 사회에서 그들의 존재는 망각될 수밖에 없었다.

한국 사회가 필요로 했던 그들의 이미지는 '만주 벌판에서 말달리며 활을 쏘던 독립운동가'였지 '공산당'은 아니었기 때문이다. 1992년 문득 한중수교가 이뤄진 뒤 한국에서도 '연변동포'를 흔히 대할 수 있게 됐지만, 오랜 기간 상이한 역사적 환경 속에서 살아 온 그들을 마음으로 포용하기란 쉽지 않은 일이었다.

거의 100년 만에 그토록 그리던 고향을 찾아왔건만 자신들을 기다리는 건 '남한동포'들의 냉대와 천시였고, 이를 계기로 그동안 꿋꿋이 간직해 온 민족적 자부심 대신 '중화인민공화국의 공민'임을 자각하게 되었다는 역설을 어찌해야 할 것인가? 개인적 경험에 불과할지 모르겠지만, 한국에 머물던 조선족 친구가 했던 다음과 같은 말을 필자는 잊지 못한다. "'조선족'이라는 말을 들으면 식민지 시기 일본인들의 '조센징'이라는 표현이 떠오른다."

20세기 내내 한국과 연변이라는 상이한 역사 공간에서 배태돼 온 차이점은 쉽게 사라지지 않을 것이다. 그리고 그것을 강제로 해소할 필요도 없다고 생각한다. 다만 상호간의 이해 부족으로 말미암은 갈등과 충돌의 현실을 넘어서, 소통과 상생의 가능성을 모색해야 한다는 원론에 대해서는 누구나 동의할 것이다.

그러기 위해서는 이제 그들에게 '한국과 중국의 축구 경기 때 어느 쪽을 응원하는지' 물어보는 천박한 대화는 집어치우고, 그들이 그동안 어떻게 살아왔고 지금의 현실을 어떻게 이해하고 있으며 어떠한 모습의 미래를 그리고 있는지, 그들의 목소리에 진지하게 귀 기울이는 것이 필요하다. 그들에 대한 역사적 평가 내지 전략적 분석의 틀에서 벗어나, 그들의 목소리를 경청하자는 것이다.

그리고 더 나아가 '연변학'이라는 새로운 관점을 통해 중국 동북지역 조선족들이 이뤄낸 독특한 삶의 방식을 해석할 필요가 있으리라 생각한다. 조선족 동포들을 '관계' 혹은 '교류'의 관점 아래 피동적 대상으로만 바라볼 것이 아니라, 융합과 소통의 주체로서 자율적이고 독립된 범주로 이해할 필요가 있다는 말이다.

'동아시아 융합의 공간'이었던 만주에서 여러 민족과 어울려 살아온 그들의 삶을 통해 인류사적 보편성을 파악하는 일은 현재 한국학이 직면하고 있는 민족적 폐쇄성의 한계를 돌파하는 하나의 계기가 될 수 있으리라 기대한다.

허브(HUB), 비어 있음의 충만함

≡김만수(인하대학교 한국학연구소 일반연구원)

종교인들이 들으면 나무랄지 모르지만, 내 나름으로 기독교, 유교, 불교의 차이를 설명하는 방식이 있다. 기독교는 중동의 스텝지역과 사막에서 형성되었는데, 목축과 주거 이동의 어려움으로 인해 강력한 리더십이 강조된다.

"나를 따르라"고 명령할 수 있는 강력한 지도자의 출현이 있어야 사막에서의 생존이 가능한 바, 기독교의 실천윤리들인 근면, 성실, 정직 등은 사막이라는 기후조건과 연관관계가 있을지 모른다. 반면 유교는 인구가 많은 중국의 한복판에서 형성되었다.

많은 사람들이 부대끼며 살기 위해서는 공적인 질서, 대인관계 등이 중요한 덕목이 되는데, 이들이 서로 공존하기 위한 질서가 인의예지 등의 근간을 이룬다. 불교는 너무 무더운 인도대륙에서 형성되었다. 무더운 곳에서 살기 위해서는 천천히 행동할 수밖에 없는데, 이러한 느린 삶이야말로 인간의 욕심을 줄이는 것에서부터 출발해야 한다.

종교에 대한 나의 이해가 너무 얕고 경박스럽다면 너그러이 용서를 구한다. 사실 많은 언론인들이나 정치인들이 종교 문제에 대해서는 언급을 꺼린다. 매우 민감한 사안이기 때문일 것이다.

그런데 다행히도, 한국은 종교 문제에 대해서만큼은 상당한 이해와 관용이 자리 잡혀 있는 듯하다. 아직도 이슬람의 세계에 대해서는 생소하지만, 적어도 한국의 유교, 불교, 기독교 등은 상당히 평화롭게 공존하면서 서로를 존중하는 듯하다. 아마도 천주교, 개신교, 불교, 원불교 등의 종단이 함께 봉사활동을 하고 성지 순례를 하는 모습은 한국이 아니면 찾기 힘든 사례인 듯하다.

엉뚱하게 종교에서의 관용 이야기를 꺼냈지만, 강조하고

싶은 것은 바로 관용의 정신이다. 최근 창조도시에 대한 논의가 유행하고 있는데, 이 논의의 핵심은 바로 창조도시의 3대 요소로 간주되는 인재(Talent), 기술(Technology), 관용(Tolerance) 중 가장 강조되어야 할 요소가 관용이라는 점이다.

관용을 갖춘 도시라야 기술을 갖춘 인재들이 모여든다는 것이다. 종족, 인종, 종교에 대한 편견과 증오가 넘치는 곳에서는 다른 종류의 테크닉과 아이디어를 가진 인재들이 모여들 수 없다는 것이다.

인천을 소개할 때 간혹 동아시아의 '허브(hub)'라는 표현을 쓴다. 그런데 대부분의 사람들은 허브를 그저 '중심' 정도로 이해한다. 다시 말해, 인천이 동아시아의 중심이 되어야 한다는 주장으로 이해하는 셈인데, 사실 인천을 동아시아의 중심으로 이해하는 것은 온당하지 못하다. '허브'는 '중심'이긴 하나 '비어 있는 중심'이어야 하기 때문이다.

허브는 자전거 바퀴의 살대들이 모이는 중심 부분 정도로 쉽게 이해할 수 있는데, 허브는 역설적이게도 중심 부분을 텅 비게 만듦으로써 모든 하중을 버텨내는 힘을 얻는다. 비어 있음으로 인해 더 큰 힘을 얻는 역설을 우리는 여러 사례에서 확인할 수 있다.

예컨대 아랍인들은 중심을 비우는 돔형의 건축물을 통해 더욱 크고 웅장하며 아름다운 건축물을 얻었다. 인도인들은 0을 발견함으로써 수학의 신기원을 열었다. 장자는 무용지용無用之用의 철학을 통해 비어 있음이 오히려 얼마나 충만할 수 있는지에 대한 의미를 제시하였다. 이러한 사례들에는 허브의 지혜가 담겨 있다.

나는 인천이야말로 허브의 지혜를 배우고 실천해야 하는 곳임을 강조하고 싶다. 우리나라 도시로서는 거의 유일하게도, 인천 시내에는 중심이 없다. 인천의 도심은 인천(인천 사람들은 흔히 '하인천'으로 부른다)에서 동인천으로, 다시 주안과 간석으로, 이제는 관교동과 구월동으로 옮겨졌다. 그리고 앞으로는 송도, 청라, 영종 또한 새로운 중심으로 부상할 가능성도 없지 않다.

이러한 중심 이동이 이루어질 때 기존의 도심은 해체되거나 재구성되어야 하는데, 여기에 적용할 수 있는 이론이 비어 있음의 충만함이다. 인천 중구의 구도심이 인천문화재단과 아트팩토리 등의 문화예술 공간으로 리모델링되고,

남구의 시민회관이 단순한 공원으로 환원된 것은 버려진 도심을 의미 있는 '텅 빔'으로 거듭나게 한 사례로 칭찬받아 마땅하다.

비우는 김에 더 비울 곳이 있다. 인천에는 많은 외국인 노동자와 학생, 다문화가정이 모여 살고 있다. 이들에게 한국을 배우고 인천을 배우라고 강요하는 것은 '중심'의 강압이다. 이들에게는 자유롭고 편안하게 자신의 모국어와 문화를 즐길 수 있는 공간이 있어야 한다.

이들이 자신의 문화적 정체성을 가지고 한국에서 살아갈 수 있을 때, 비로소 우리 사회는 진정한 의미의 '다문화사회'로 진입할 수 있다는 게 내 생각이다. 손님을 위해 방한 칸을 비우는 것은 '환대'의 출발이다.

예를 들어, 인천에 상당 규모의 아시안 마켓을 만드는 방안은 어떨까. 세계 여러 나라에 코리아타운이 생겼다는 것을 자랑할 게 아니라, 인천에 오면 리틀 차이나, 리틀 베트남, 리틀 필리핀을 만날 수 있다는 자랑거리를 만드는 것도 검토해 볼 필요가 있는 것이다.

인천공항에는 세계 각국의 환승객이 몰린다. 이들이 보내는 반나절 정도의 한국 체류 때, 이들이 한국을 만나는 게 아니라 '한국에 모여 있는 비한국적인 것들'을 접할 수 있게 하는 것도 '비어 있는 중심'을 활용하는 인천의 지혜가 되지 않을까 생각한다.

승진을 위한 인문학

≡류준필(인하대학교 한국학연구소 HK교수)

'대학은 학문의 전당'이라는 말은 철 지난 사어死語 같다. 대학 안에서 생활하는 이들이든 바깥에서 바라보는 이들이든 다 비슷하게 느낀다. 무엇보다 취업의 문이 좁아서다. 거기다가 학령 인구 감소에 따른 정원 감축이 임박해 있기 때문이다.

취업률이 곧 경쟁력이라는 평가가 일반화되면서 대학과 전공학과의 우열을 결정하는 경향이 점점 더 강화되고 있다. 먹고사는 문제보다 급한 일은 없으므로 불가피하다면 불가피한 현상이다.

이런 분위기가 지배적인 탓에 대학의 구조조정 압력도 날로 강화되는 중이다. 일자리와 직접적으로 결부된 사회적 수요를 좇아 학문의 서열을 조장하고, 이런저런 기준으로 순위를 매겨 통폐합을 진행한다는 소문이 횡행한다.

그렇지만 의대와 법대 같은 '전문직' 양성 기관은 늘 열외이고, 공대나 경영대 같은 실용학문 분야에게는 거의 딴 동네 이야기인 듯하다. 반면에 대학가를 떠도는 흉흉한 풍문이 겨냥하는 단골 메뉴는 흔히 '문사철'로 불리는 인문학 분야이다.

일반화할 수는 없겠으나, 적어도 나에게 인문학은 '외국어와 고전'이 그 핵심을 이룬다. 사람이라면 누구나 '지금·여기'라는 시공간의 제약 속에서 태어나 살아간다. 그런 만큼 언제나 한계를 지닐 수밖에 없다.

외국어는 공간적 한계를 넘어서 자기 자신을 공간적으로 확장하는 능력을 위해 필수적인 자질이다. 그리고 고전이란, 아주 오랜 시간을 거치면서 공유할만한 가치가 있다고 검증된 지혜를 전달하는 매개체이다. 이를 통해 개개인은 시간적 제약을 최대한 확장시키는 경험을 한다.

요컨대 인문학은 인간 개체의 시공간적 한계를 넓혀 가는 능력을 신장시키는 분야이다. 그래서 학문의 기초라 하기도 하고 기초학문이라 부르기도 하는 것이다. 기초는 모두에게 해당되고 누구에게나 필요하다.

누구에게나 필요하면 그래서 모두에게 동일한 전제가 되면, 굳이 거론하지 않기 쉬워지고 그래서 자칫 아무에게도 필요하지 않다는 착각을 낳기 쉽다. 이러한 착각이 이 지경으로 횡행할 때까지 그 의의를 충분히 환기하지 못한 일차적 책임은 분명 인문학계와 학자들에게 있겠지만, 이러한 착각의 피해는 사회 전체가 입는다.

대학이 취업률 지상주의로 흘러서 취업 준비 기관이야말로 대학 본연의 모습이라고 착각하면, 대학 교육은 취업까지만 책임지는 데 머물고 만다. 물론 취업을 위한 대학의 노력이 중요하다는 점을 부정할 수는 없고 경우에 따라 가장 최우선적으로 고려할 필요도 있겠다. 그렇지만 취업까지만 대학의 책임이고 그 이후는 대학교육과 무관한 것인지 물어볼 필요가 있다. 대부분의 경우 대학 졸업이 마지막 학력이기 때문이다.

특별한 경우가 아니면 취업은 말단 직원에서부터 시작하지만 시간이 흐르면서 한 등급씩 승진한다. 이 짧지 않은 시간 속에는, 나와 남의 관계, 리더십과 조직, 성공과 실패 등의 문제가 그득할 것이다.

어디까지가 '나'이고 어디부터가 '남'의 문제인지 고민하고, 동료·윗사람·아랫사람과 공존하는 문제와 씨름하며, 왜 될 만한데 안 되고 안 될 만한데도 되는지 납득하기 힘들어 괴로워하는 상황에 직면할 것이다. 이런 상황을 생산적으로 또 슬기롭게 타개하면 남다르다는 점을 인정받으며 승진하겠지만, 그렇지 못하면 취업 상태 자체가 고통스러울지도 모른다.

취업 이후에 필요한 자질은 대부분 '자기'라는 개체의 한계성을 지혜롭게 넘어서는 능력과 깊은 관련이 있다. 이것은 모든 전공분야에서 다 훈련하는 자질이겠지만 특히 인문학 분야에서는 학문적 본령에 해당한다. 전통적으로 인문학 분야에서는 취업이라는 용어를 학술적으로 활용한 적이 거의 없다. 그런 점에서 너무 저급한 수준의 언사임을 무릅쓰고 말하기로 한다.

인문학이 취업에 큰 도움이 되지 못할 수는 있다. 그렇지만 취업한 이후에 자기 자신을 남다르게 하는 힘은 인문학이 마련해 줄 수 있다. 취업을 위한 인문학을 강요하는 이 시절의 화법에 맞추어 '승진을 위한 인문학'이라 한다. 그뿐인가. 고령화 시대가 아닌가. 은퇴 이후의 삶도 설계해야 한다니, '퇴직(이후)을 위한 인문학'은 또 어떤가.

문학테마파크와 인천의 한국근대문학관

≡정종현(인하대학교 한국학연구소 HK교수)

한국에는 많은 문학관이 있다. 현재 한국문학관협회에 가입된 문학관만 61개에 이른다. 규모를 갖추고 운영 인력을 확보한 형편이 조금 나은 곳이 있는가 하면 대중의 관심을 받지 못하는 유명무실한 곳도 있다. 심지어 생가에 문패만 붙여놓은 채 방치된 작은 문학관들도 적지 않다.

많은 지자체들이 문화에 대한 깊은 고민 없이 돈이 된다는 생각에 앞다투어 문학관을 지어 왔다. 이러다 보니 조그마한 인연만으로 연고권을 주장하는 경우도 생겼다. '황순원문학촌 소나기 마을'이 경기도 양평에 건립된 사연은 한 사례이다.

많은 한국인들이 애독하는 「소나기」 결말부에서 작가는 '내일 소녀네가 양평읍으로 이사 간다는 것이었다'고 적고 있다. 소설의 이 한 줄을 근거로 문학테마파크인 '소나기 마을'은 양평에 조성되었다.

우후죽순으로 생겨나는 문학관이 모두 성공하는 것은 아니다. 문학관은 주민들이 함께 누릴 수 있는 문화적 인프라여야만 한다. 문화에 대한 확고한 철학 없이 관광객을 유치하여 수익을 올리려는 경제적 동기만을 앞세워서는 낭패를 보기 십상이다. 로컬리티(지역성)와 조화를 이루며 시민이 함께 참여할 수 있는 다양한 프로그램을 개발하고, 알찬 기획 전시를 준비하는 문학관들만이 성공할 수 있다.

이효석 문학관과 봉평 메밀꽃 축제(효석문화제)는 지역의 자연적·문화적 특성과 조화를 이룰 때 성공할 수 있다는 사실을 상기시킨다. 이효석은 「메밀꽃 필 무렵」에서 장돌뱅이들이 걸어가는 밤길 주변에 핀 메밀꽃이 마치 "소금을 뿌린 듯이 흐뭇한 달빛에 숨이 막힐 지경"이라고 묘사했다. 여기에 주목하여 건립된 이효석 문학관은 덩그러니 놓인 건물 한 채로 이루어진 것이 아니라 방대한 메밀꽃밭과 어우러지며 문학 공원을 이루고 있다.

시민들은 메밀꽃이 흐드러지게 피어 있는 자연을 배경으로 사색하고, 소설 속 장터를 재현한 주막에서 주인공이 되어 흥성거림에 함께 휩쓸려 보는가 하면 문학관의 전시를 통해 효석 문학을 깊이 이해하는 문화적 체험을 하게 된다. 춘천의 김유정문학촌 역시 작품의 배경이 되는 실레마을 전체를 문학전시의 테마로 활용함으로써 자리 잡을 수 있었다.

우리 지역 인천에도 성공적인 문학관이 존재한다. 중구 해안동에 있는 한국근대문학관이 그 주인공이다. 한국근대문학관은 개항장 문화지구에 남아 있는 근대 창고 건물 4채를 활용하여 2013년에 건립되었다. 로컬리티란 향토적 자연만을 뜻하는 것은 아니다. 개항장인 인천의 로컬리티는 '근대(성)'와 관련되어 있다. 인천은 다른 어느 곳보다 자신의 지역적 특색을 근대적인 것으로 주장할 수 있는 역사와 입지를 지니고 있다. 인천에 한국'근대'문학관이 자리하고 있는 것도 그러한 이유이다.

박물관이 입주한 창고 건물 자체가 이러한 개항장 근대성을 상징하거니와, 그 안에서 이루어지는 전시 역시 지역 문인을 기념하는 제한성에서 벗어나 한국 근대문학사의 형성과 전개를 실감할 수 있는 내용으로 채워져 있다.

최남선의 「경부철도가」, 개화기의 「애국창가집」과 같은 희귀본을 포함한 많은 수의 근대문학작품 원본들을 눈으로 보고, 정교하게 만들어진 복각본을 손으로 직접 넘겨보며 문학의 향취를 체험할 수 있다는 점이 한국근대문학관의 장점이다. 또한, 많은 근현대 작가들의 육필원고를 접할 수 있는 것도 근대문학관만의 매력이다.

인천은 유네스코가 지정한 '2015 세계 책의 수도'이다. 한국근대문학관은 명작을 함께 읽는 '문학이 있는 저녁' 시민강좌를 진행하고 있으며 올 가을 다채로운 책의 수도 관련 행사들을 개최할 예정이다.

주말에 자녀의 손을 잡고, 개항장 문화지구에 있는 다양한 근대건물숲길을 산책한 뒤 근대문학관에 소장되어 있는 문학작품의 원본을 접해보는 것은 훌륭한 문화적 체험이 될 것이다.

관람에 몸이 지칠 때쯤 전시실 중간에 마련된 작가 이상이 운영한 제비다방 간판 아래서, 1930년대 모던 보이·걸이 되어 상상의 커피를 한 잔 마셔보는 것도 즐거운 일이 아닐까?

전장戰場으로부터 생각하기

≡박준형(인하대학교 한국학연구소 HK연구교수)

지금으로부터 20년 전인 1995년 7월26일, 일본의 홋카이도 대학에서 '동학당 수괴'라고 쓰여 있는 유골이 발견되었다. 함께 발견된 종이에는 이 유골이 1894년 진도에서 동학농민군이 일본군에 의해 진압될 당시 효수되었던 여러 지도자들 중 한 명의 것이라고 적혀 있었다.

흔히 청일전쟁이라고 하면 청일 양국 사이의 전쟁이라고만 생각하기 쉽다. 그러나 일본군과 동학농민군 사이의 전쟁처럼 일본이 조선 및 대만의 점령 지역에서 일반 민중과 벌인 전쟁도 동시에 전개되었으며, 일본군 사상자는 청국과의 공식적인 전쟁에서가 아니라, 국제법상 전쟁으로 인정받지 못한 까닭에 '전쟁 아닌 전쟁'일 수밖에 없었던, 바로 그러한 비공식 전쟁에서 가장 많이 발생하였다.

청일전쟁의 종결로부터 120년이 지난 지금, 그처럼 치열했던 전쟁에서 희생된 이 유골은 우리에게 어떤 메시지를 전하고 있는 것일까.

지난 16일 일본에서는 주목할 만한 사건이 있었다. 중의원 본회의에서 '안보보장법안'이란 것이 야당 대부분이 퇴석한 가운데 가결된 것이다. 이 법안에는 일본이 직접 공격당하지 않더라도 전쟁에 가담할 수 있는 '집단적 자위권'이 포함되어 있다.

만약 이 법안이 그대로 최종 통과된다면, 일본은 한반도 유사시와 같은 경우에도 미국과의 동맹을 빌미로 자위대를 파견할 수 있게 된다. 이는 일체의 전쟁과 전력의 보유, 그리고 교전권까지 인정하지 않은 일본 헌법 제9조와 정면 배치될 뿐만 아니라, 다수의 일본 국민들이 강력하게 반대하고 있는 바이기도 하다.

아직 참의원의 심의를 남겨 두고 있지만, 일본의 정부여당은 참의원에서 혹 부결되더라도 중의원에서의 재의결을 통해 법안의 통과를 강행할 것으로 예측되고 있다.

일본의 보수세력은 이를 두고 '보통국가' 되기에 지나지 않는다고 주장한다. '보통국가'란 다른 국가들과 마찬가지로 전쟁 수행이 가능한 나라를 말한다. 이때 전쟁은 국가가 보유하는 일종의 권리로 간주되며, 그 권리의 획득이란 곧 국가 간 동등함의 실현을 의미한다. 그런데 전쟁에 대한 인식은 시대에 따른 변천을 겪었다.

본래 서양의 공법질서에서 전쟁이란 외교의 연장선상에 있는 하나의 정책 수단이었다. 그러나 20세기 두 차례 세계대전의 참혹함은 전쟁 자체를 범죄시하게 만들었고, 나아가 국제연맹이나 국제연합과 같은 전쟁 억지를 위한 국제기구를 탄생시켰다.

이후 냉전 시기 핵무기에 의한 인류 공멸의 가능성까지 목도하면서 전쟁에 대한 혐오는 더욱 커졌다. 그럼에도 불구하고 세계 곳곳에서는 여전히 크고 작은 전쟁이 계속되고 있다. 이처럼 전쟁에 대한 혐오의 증대와 전쟁의 지속이라고 하는 모순된 현실 속에서, '보통국가'는 어떻게 전쟁을 작동시키게 되는 것일까.

일찍이 서양의 문명화 과정을 연구한 노버트 엘리아스는 중세의 식탁에서 통째로 나온 고기를 적당히 잘라 나누어 먹던 방식이 야만스러움에 대한 혐오의 증대와 함께 점차 사라지고, 또 그에 따라 고기 자르기가 가내의 식탁이 아니라 도축장의 전문업자에게 이양되는 과정을 설명하면서, 혐오스러움을 사회 생활의 무대 뒤로 숨기게 되는 변화야말로 문명화의 전형적인 모습이라고 지적한 바 있다.

이러한 엘리아스의 논의를 빌리자면, 이제 피 흘리는 혐오스러운 전쟁은 점차 국가 행위의 무대 뒤로 감추어지고 있다고 말할 수 있다. 전쟁의 문명화는 전쟁 선진국에서 개발되고 있는 무인 병기나 선제적 방어에 의한 전장의 외부화 등을 통해 자국민의 피를 흘리지 않고 자국 영토를 피로 물들이지 않는 '깨끗한' 전쟁을 추구하고 있는 것이다.

실제로 '보통국가'가 수행할 전쟁에서 일본을 전장으로 상정한 경우는 찾아보기 어려운데, 전장은 일본이 아닌 일본의 바깥 어딘가에 있어야 하는 까닭이다.

그러나 고기를 먹으려 할 때 도살 과정을 생략할 수 없는 것처럼, 피 묻은 전장을 감춘다고 하여 전쟁 자체가 사라지는 것은 아니다. 애당초 전장 없는 전쟁이란 있을 수 없다.

글머리에서 언급한 '동학당 수괴'의 유골은 일찍이 한반도가 피를 뿌리는 참혹한 전장이었음을 우리에게 말해 주고 있다. 청일전쟁의 종결로부터 120년이 지났으나 동북아시아의 정세는 다시금 120년 전의 상황을 떠올리게 한다.

중국과 일본, 러시아와 미국 등 한반도를 둘러싸고 대립하고 있는 열강들은 결국 그들의 땅이 아닌 한반도를 또 다시 전장으로 삼으려 할 것이다. 전장으로부터 생각하기! 120년 전의 역사가 이 땅에 재현되는 것을 막는 일은 전쟁을 다시금 전장으로부터 사고하는 태도로부터 시작해야 할 것이다.

아시아의 끝에서 아시아를 보다

≡이화진(인하대학교 한국학연구소 HK연구교수)

2002년 여름, 터키 이스탄불의 어느 게스트하우스. 월드
컵을 공동 개최한 한국과 일본이 나란히 16강전에 진출했
으나, 일본은 이제 막 터키에 패하여 8강 진출에 실패한 참
이다. 이스탄불 시내 전체에 터키의 승리를 축하하는 분위
기가 넘실대는 가운데 한국과 이탈리아의 경기가 시작되고,
게스트하우스의 여행자들은 하나둘 TV 앞으로 모여든다.

일본인 여행자가 다수인 이 방 사람들은 바깥의 열기와
흥분을 그저 관조하면서, 책을 읽거나, 차를 마시고, 평범한
대화를 이어나간다. 그러나 이제 곧 이 방 안에서는 아시아

와 유럽이, 동서양을 가로지르는 세계사가, 재난과 대학살, 전쟁과 식민지배의 역사가 화제에 오를 것이다. 아시아의 끝, 유럽의 시작인 바로 그 터키 이스탄불에서.

일본의 극작가 겸 연출가 히라타 오리자[平田](オリザ)와 한국의 제12언어연극스튜디오의 성기웅이 공동으로 쓰고 연출한 연극 〈신모험왕〉이 지난 7월 서울에서 공연되었다. 한일수교 50년을 기념해 한일 합작 프로젝트로 진행된 〈신모험왕〉은 히라타 오리자가 20년 전에 초연한 〈모험왕〉(1996)의 장소를 2002년 여름의 시간 속으로 옮겨놓았고, 일본인 여행자들로만 채워졌던 전작과 달리 일본인과 한국인, 그리고 아르메니아계 미국인이 모두 다 여행자인 상황 속에서 서로 만나고 대화하게 했다.

여행자들은 일본어와 한국어, 그리고 영어를 뒤섞어가며 모국어 사용자를 제외한 그 나머지에게는 불편하고, 불충분하며, 때로 오해를 낳을 법한 대화를 계속 시도하고 이어 나간다. 그/그녀가 한국에서 왔든, 일본에서 왔든, 또 어느 세대의 사람으로 어떤 경험을 했든 간에 어쩔 수 없이 지금 여기에서는 모두 여행자라는 사실이 이들을 묶어 주고 있는 것이다.

타국을 여행하는 일이 그러하듯이, 국경을 넘으면 한 사람 한 사람이 '국가대표'처럼 느껴지기도 하는데, 그렇게 내셔널한 주체로서 자기를 발견하는 곳에서 타국의 재난과 참사, 고통과 비극에 대한 무지를 깨닫는 순간도 찾아오게 된다.

일본에 대해 잘 안다고 생각하면서도 고베 대지진에 대해서는 잘 모르며, 한국에 대해 알 만큼 안다고 생각하면서도 1980년 5월의 광주에 대해 그렇게까지 잘 알지는 못한다. 그리고 무엇보다도, 그들은 한국과 일본 그 너머 세계의 비극에 대해 절대적으로 무관심했음을 깨닫게 된다. 한 젊은 미국인 여성이 게스트하우스를 찾아오기 전까지 이들 중 누구도 아르메니아인이 터키를 좋아하지 않는다는 것을 알지 못했고, 당연히 그 이유를 궁금해 한 적도 없다.

한국이나 일본인이나 각각의 역사에서 터키와의 우호관계를 들며 '형제의 나라 터키'를 칭송했던 그곳에서 아르메니아 학살 사건을 아르메니아계 미국인의 일본어로 듣는 시간(공교롭게도, 2015년은 아르메니아 학살이 백년을 맞는 해이다). '우방友邦'이란 결국 어느 지역, 어느 민족의 참사와 비극을 발판으로 삼아 구축된 관계임을 알게 되는 이 여행지에서의 세계사 시간은 타국에 대한 무지와 무관심을 깨닫는 동시에 세계인으로서 자기를 자각하는 계기였을 것이다.

2002년 여름의 이스탄불에서 여행자들이 나누는 나긋나긋하고 때로는 시끌벅적한 대화가 지금의 관객에게 던지는 메시지는 선명하다. 한국과 일본, 그 '사이'와 그 '너머'를 바라보되, 아시아의 끝자락에서 아시아로 시선을 던져보는 일의 중요성을 이야기하는 것이다.

오랫동안 일본을 떠나 여행하고 있는 중년 남성은 일본에 돌아가기 전에 그 바다 건너에서 일본이라는 나라를 한번 보고 싶다고 말한다. 여행자에게는 매일의 일상이 바깥에서 일본 혹은 일본인으로서의 나를 들여다보는 일의 연속이었을 것이다. 그런 그가 대한해협 너머에서 일본을 보는 일을 긴 여행의 마지막 과업으로 삼은 것은 일본 열도와 한반도 사이의 그 바다야말로 그에게는 가장 건너기 어려운 것이었기 때문이 아닐까.

거침없이 세계를 향해 떠난 '모험왕'에게 한반도에서 일본을 시야에 넣는 일이란 일본의 과거와 현재를 근거리에서 대면하는 일이며, 어쩌면 이미 도래한 어떤 미래를 발견하는 일이 될 것이다. 마찬가지로, 오늘의 한국을 사는 이들에게 '한반도에서 그 바깥으로'가 아니라 '바깥에서 한반도로', 그리고 '한반도와 일본 그 바깥에서 그 둘 사이의 바다로' 시선의 방향을 돌려보는 일은 어떤 의미가 될 수 있을까. 한일 간의 섣부른 화해를 말하기보다 한국도 일본도, 그리고 아시아도 아닌 그 어떤 곳에서 '사이'와 '너머'에 잠재된 어떤 미래를 상상해 볼 수는 없을까.

해방 70주년, 한일국교정상화 50주년을 맞은 2015년, 한일 관계는 그 어느 때보다 경색되어 있는 듯하다. 낯선 나라의 게스트하우스에서 한국과 일본의 여행자들이 어렴풋하게나마 서로를 이해하고, 타인의 고통에 무지했던 그들 자신을 돌아보는 이 시간이 월드컵 공동 개최와 한류 열풍으로 그 어느 때보다 한일 관계가 우호적이었었던 2002년으로 설정되었다는 점은 여러 가지를 생각하게 한다. 우리에겐 어떤 모험이 필요하지 않을까.

소프트웨어의 시대를 맞이하여

≡윤현정(인하대학교 한국학연구소 HK연구교수)

바야흐로 소프트웨어의 시대가 왔다. 2018년부터 초·중·고교에서 소프트웨어 교육이 의무화된다. 소프트웨어 교육의 핵심은 알고리즘의 원리를 깨우칠 수 있도록 하는 코딩(coding) 교육으로 디지털 시대에 걸맞은 사고력을 갖춘 창의 인재 양성을 목표로 한다.

우리나라는 하드웨어 중심에서 소프트웨어 중심 IT강국으로의 변모를 모색하고 있다. 1968년, IBM이 하드웨어 사업부에서 소프트웨어 분야를 분리하면서부터 하드웨어의 종속적 존재를 벗어나 독립적 지위를 획득하기 시작한 소프트웨어는 이제 하드웨어의 존재를 지우기에 이른 것이다.

이러한 흐름 아래 지난해 인천 송도는 부산 센텀, 경기 판교와 함께 글로벌 신산업 도시로 도약하기 위한 핵심거점 역할을 할 소프트웨어 융합 클러스터로 선정되었다. 소프트웨어 융합을 통해 고부가가치 산업을 육성하여 지역 경제 구조의 체질을 개선할 수 있으리라는 기대 속에 2018년까지 256억 원의 지원을 받을 예정이다.

우리가 더욱 주목해야 할 점은 소프트웨어의 중요성이 단순히 산업적 차원에만 국한되지 않는다는 것이다. 소프트웨어는 오늘날 우리의 삶을 실질적으로 지배하고 있기 때문이다. 아침 출근길의 도로 교통 신호부터 업무용 한글 소프트웨어, 휴식 시간에 즐기는 모바일 게임, 대형 마트의 계산대에 이르기까지 소프트웨어는 사실상 현대 사회를 형성하고 있을 뿐 아니라 우리의 모든 일상에 스며들어 있다. 소프트웨어는 우리의 행동을 지시하고 삶을 규정하는 기준이 된다.

그러나 그 막대한 영향력과는 별개로 우리 대부분은 소프트웨어와 그 작동 방식에 대해 완전히 무지하다.

소프트웨어와 소프트웨어를 구성하는 데이터와 행동에 대한 명령문인 코드는 복잡한 디지털 기술의 영역으로 치부되어 프로그래머나 공학자들의 전유물로 국한되어 왔기 때문이다. 소프트웨어는 일종의 암흑 상자처럼 입력과 출력은 있되 그 과정은 완전히 베일에 가려져 있는 것이다.

흥미롭게도 독일의 미디어 학자 프리드리히 키틀러에 따르면 뉴미디어의 힘을 만들어내는 원천이 바로 이러한 미지성未知性과 이해 불가능성이다.

이는 소프트웨어가 새로운, 혁신, 창의, 융합, 글로벌과 같은 키워드들에 둘러싸여 현대의 신화로 숭배되고 있는 작금의 상황에 대한 적절한 설명이 될 것이다. 막연한 기대 속에 그 효용과 잠재력을 따지기보다 우리의 삶 속에 놓인 문화적 실제로서 소프트웨어를 바라보는 반성적 물음과 새로운 관점이 요구되는 것이다.

소프트웨어와 같은 디지털 시스템들이 인문학의 관점에서 그다지 환영받지 못하는 연구대상이었던 것은 사실이다. 컴퓨터 언어는 0과 1이라는 두 가지 기계적인 언어로만 이루어진 이진법의 구조를 갖고 있기에 인문학적 텍스트로서 그 가치를 획득하기 어렵다는 것이 일반적인 견해이기 때문이다.

하지만 소프트웨어를 이루는 핵심인 코드는 컴퓨터가 실행하고자 하는 논리 조건문을 컴퓨터의 언어로 표현한 것으로 코드를 짜는 코딩은 문제해결을 위해 컴퓨터가 알아들을 수 있는 언어로 대화하는 것이다. 마치 예술가가 자신이 원하는 것을 원하는 미디어를 통해 직접 생성해 내는 것처럼 소프트웨어 개발자 역시 자신이 원하는 것을 코드를 통해 생성해 낸다.

코딩은 매우 단순하며 제한된 언어를 선별하고 조합하여 개발자가 의도한 모든 복잡한 행동과 패턴을 만들어 내는 창조적 행위라는 관점에서 작가의 글쓰기와 닮아 있다. 시와 같이 특유의 방식으로 표현되는 간명한 규칙을 지닌 새로운 글쓰기의 형태라 할 것이다.

그뿐 아니라 코드는 실행하는 언어로서 강력한 힘을 지닌다. 이는 코드가 단순히 우리의 행동을 지시한다는 일방향적 차원을 넘어 소프트웨어 사용자의 실천에 의해 의미가 변화하는 문화적 실제임을 의미한다.

이와 같이 소프트웨어는 인간과의 상호작용 과정에서 글쓰기·읽기의 새로운 층위를 생성시키고 있으며 이를 통해 새로운 미학적 가능성이 발현되고 있다. 소프트웨어에 관한 인문학적 관점으로의 전환은 암흑 상자 속의 해답을 찾아나가는 또 다른 여정을 제시해 줄 것이다.

소프트웨어의 시대에 모두가 프로그래머가 될 필요는 없다. 그저 디지털 세상을 살아가기 위한 좀 더 나은 방식, 새로운 인간의 언어가 나타났다. 그리고 다양한 글쓰기와 읽기의 방식이 모색되고 있을 뿐이다.

동아시아 속 인천의 해양 정체성

≡임학성(인하대학교 한국학연구소 HK교수)

　　인천이 역사상 처음으로 등장하는 시기는 지금으로부터 2천 년 전이다. 한국의 가장 오랜 역사서인 삼국사기에 보면, 고구려를 세운 주몽의 두 아들 비류와 온조가 남쪽으로 내려와 각자 국가를 세웠는데(기원전 18년), 비류는 한강 유역에서 나라를 세워 함께 경영하자는 신하의 권유를 뿌리치고 인천으로 와 '미추홀'을 건국했다는 내용이다.

　　그런데, 삼국사기에는 위 건국설과 함께 또 다른 건국설이 기록되어 있다. 비류가 모친 소서노를 모시고 남쪽으로 내려와 동생과 함께 미추홀을 세웠다는 내용이다. 위 두 건국설은 비류(인천에 건국)와 온조(서울에 건국)가 각기 다른 국가를 건설했다. 반면 비류와 온조가 함께 인천에서 하나의 국가를 건설했다는 내용에서 차이를 보이지만, 인천에서의 미추홀 건국 사실만큼은 일치하고 있다.

그러면 비류가 도읍지로 적합한 한강 유역을 거부하고 바닷가 인천을 도읍지로 선택한 이유는 무엇일까?

아쉽게도 삼국사기에서는 비류의 바닷가 선택 이유에 대한 설명은 보이지 않고 대신 미추홀이 "땅이 습하고 물이 짜서 편안히 살 수 없었다"고만 그 망국의 이유를 설명하고 있다. 그렇지만 신석기시대 이래 인간사회 발전의 큰 동력이 소금 확보와 해상교역에 있었음은 학계의 정설이다.

그렇다면 비류 또한 위 두 발전 동력을 확보하는 데 천혜의 조건을 갖춘 인천을 도읍지로 선택했다고 할 수 있다. 즉, 비류는 한국 최초의 '해양국가'를 인천에 건설하려 했다고 하겠다.

인천이 가진 해양도시의 정체성은 삼국(고구려, 백제, 신라)이 패권을 다투던 시대에도 다시 입증된다. 4세기 후반(370)

고구려와의 전쟁으로 중국에 들어가는 육상교통로가 막히자 백제는 인천의 바닷가에 항구를 건설하여 해상교통로를 열 수밖에 없었는데, 그 항구가 바로 연수구 옥련동의 '한나루[大津, 漢津]'였던 것이다.

한나루는 백제가 고구려 장수왕의 공격을 받아 한강 유역을 상실하게 되는 475년까지 무려 1백여 년간 해상교통로의 거점 역할을 수행했으며, 그 항로는 '한나루(인천)↔덕적도(인천)↔산둥반도 등주·내주' 루트로 이 항로는 지금까지도 이용되고 있다.

인천 지역이 고구려와 신라의 영역에 들어간 이후 해양도시의 정체성은 크게 드러나지 않다가 고려시대에 들어와 강화도와 교동도 및 자연도(현, 영종도)가 해양거점의 주요 역할을 수행하게 된다. 고려의 수도였던 개성이 예성강을 끼고 있었던 까닭에 예성강 초입에 위치한 이들 섬이 해양방어 및 객관客宫으로서 기능하였던 것이다.

더군다나 해상세력을 기반으로 권력을 획득한 태조 왕건과 해상무역을 통해 주요 국부國富를 얻은 고려 왕실의 입장을 감안하면, 인천 앞바다에 자리 잡은 섬들은 해양 정체성을 지닐 수밖에 없었다.

'인천仁川'이라는 지명도 해양도시로서의 정체성이 담지된 것이었다. 1413년 조선의 제3대 임금 태종이 전국의 행정구역을 개편하면서, 규모가 작음에도 불구하고 이름에 '주州'가 붙은 고을을 '산山' 또는 '천川'으로 고쳐 부르게 했는데 이때 '인주仁州'가 '인천'으로 변경되었다.

대상이 된 60개 고을 중 '산'으로 고쳐진 곳이 36%, '천'으로 고쳐진 곳이 64% 정도였던 것으로 분석된다. 물론 '천'으로 고쳐진 고을은 대체로 바다에 접해 있거나 큰 강을 끼고 있는 지리환경을 지니고 있었다.

인천의 경우 고을의 서쪽과 남쪽 양면이 큰 바다와 접해 있었기에 '천'으로의 개명은 당연한 것이었다. 그런 점에서 비록 조선왕조가 성리학적 인식 및 질서를 토대로 국가를 운영하여 그 이전까지 유지되어 온 해양국가로서의 정체성이 크게 축소됐지만, 그나마 인천 지역은 그 해양 정체성이 인정된 경우라고 하겠다.

이처럼 전근대 시기 인천이 지닌 해양 정체성은 1883년 인천의 자그마한 포구 제물포가 개항하여 근대적 규모 및 시설을 갖춘 국제항구로 변모하면서 '해양도시'로서의 역사적 정체성을 유지함은 물론 발전시켜 나아갔던 것이다. 19세기 말 인천은 비류가 꿈꿨던 해양국가(도시) 건설을 재도전하는 시기였다고 말할 수 있다.

그렇다면 향후 인천이 중점적으로 추진할 정책 방향은 자명하다. 서울에 인접했다는 이유로 그동안 지녀온 내륙/국내 지향적 사고에서 벗어나 해양/국제 지향적 사고로 전환해야 할 것이다.

그러기 위해선 굳이 선후를 따로 세울 필요가 없겠지만, 인천 지역에 속한 150여 개 섬들에 대한 기초적 조사·연구 및 활성화 콘텐츠 개발 등이 선행되어야 하겠다. 물론 이러한 작업들은 옛 역사 사실에서도 입증되듯이 동아시아적 구조 틀에서 이루어져야함이 필연이다.

우리는 여전히 근대인이다

≡조강석(인하대학교 한국학연구소 HK교수)

40대 중반인 필자의 경우에도 학교에서 혹은 사회의 공론장에서, 그리고 일상적 의사소통체계 안에서 가장 흔하게 들은 말 중 하나가 바로 '근대화'였다. 말 자체의 조어 규칙이 말해주듯 이 말은 우리가 도달해야 할 '엘도라도'가 근대라는 이름으로 뭉뚱그려진 '신천지'임을 의미한다.

정치, 경제, 사회, 문화의 각 영역뿐만이 아니라 생활의 세세한 국면들까지 모두 '근대'를 향하여 방향이 맞춰졌다. 근대의 내용이 무엇인지에 대해서는 갑론을박이 있을 수 있지만 우리 사회가 전속력으로 근대 쪽으로 나아가야 한

다는 강박은 불과 이삼십 년 전까지만 해도 당대의 통념이
었다.

그런데 어느새 우리 사회에는 '근대화'라는 말이 일상적
으로 통용되지 않게 되었다. 우리는 근대에 성공적으로 안
착한 것일까? 아니면 모르는 새에 이미 근대라는 기착지를
훌쩍 통과해 이제 그것을 그저 과거의 이정표로 남겨둔 것
일까? 그도 아니면 근대 자체가 실종되어 버린 것일까? 이
마저도 아니라면 근대와는 별개의 새로운 방향을 얻게 된
것일까?

우리가 가진 근대의 표상은 대개 직선적 시간의식에 기
초한다. 말하자면 전근대와 근대의 관계는 마치 일직선상
에서 순차적인 시간의 경로 상에 놓인 것처럼 인식되곤 한
다. '근대화'와 마찬가지로 흔하게 통용되던 '후발주자'라는
말이 이런 인식을 단적으로 보여준다. 일직선상의 트랙에
서 출발이 늦은 주자가 할 일은 단 하나, 같은 경로에서 등
을 보이는 주자를 몇 배의 속도로 따라잡는 것이다.

근대를 일직선상의 경로에서 파악하는 것은 서구에서도
마찬가지였다. 19세기 영국 시인인 알프레드 테니슨이 "유

럽의 50년은 중국의 한 시대보다도 낫도다"라고 썼을 때 그
에게 유럽과, 이 경우 아시아를 대표하는 고유명사로서 중
국은 직선적 시간의 경로 위에서 현저한 속도의 차이를 보
이고 있는 주자들에 비견된다. 또한 『강철군화』의 작가이
자 청년 사회주의자였던 잭 런던이 러일전쟁을 취재하고자
조선을 방문해 평양 인근을 둘러보고 남긴 기록도 같은 맥
락에서 읽힌다.

그는 "조선인은 비능률적인 타입의 전형이다. 반면 중국
인은 근면한 민족의 전형이다"(『잭 런던의 조선사람 엿보기』, 한
울, 2011, 213쪽), "일본인이 아무리 동양의 영국인이라고 해
도 아무 소용이 없는 것이, 그들 역시 결국은 아시아인인
것이다"(67쪽)라고 품평했는데, 이때 그에게 조선과 일본 그
리고 중국은 이미 한 시대를 앞서 달아나고 있는 서구의 근
대를 뒤늦게 쫓기 시작한, 시간차와 속도차를 지닌 후발주
자들로서 파악될 뿐이었다.

관건은 누가 가장 **빠른** 속도로 서구가 계속해서 밀고 가
는 근대라는 기관차에 근접할 수 있겠냐는 것이다. 이 경우
문제는 모델이 아니라 속도일 따름이다. 시인 김수영이 「레
이판 탄」에서 적확하게 묘파한 것처럼 이 경우 근대는 '시

간이 시간을 먹는 듯이 바쁘기만 한' 것이며 서구적 근대의 내부는 '시간의 퇴적'으로 이루어진 것이다. 한 100년을 우리도 시간을 두 배, 세 배로 퇴적하며 경주해왔다.

그런데, 그 '근대화'라는 말이 1990년대와 2000년대를 경과하면서 어느새 공론의 장에서 자취를 감추었다. 압구정동의 오렌지족이, 국제영화제에서의 수상이, '포스트모던'이, 여야 정권교체가, '세계화'가, IMF가, 월드컵이, 아파트와 주식이, '낫 인 마이 백야드(님비)'가, 한류가, 연말정산이, '피로사회'가 근대를 지운 것일까? 어느새 우리는 열 배의 속도로 '유럽의 한 시대'를 추격하여 근대쯤은 너끈히 넘어서며 등을 보이게 되었는가?

2015년 현재, 정확히 바로 그 근대가 회귀하고 있다. 아니 그 근대가 열 배의 속도로 질주하는 우리에게 다시 등을 보이며 앞질러 가고 있다.

다시 적과 아군의 선명한 이분법이, 다시 후발주자의 초조함이, 다시 속도와 연료에 대한 집착이, 다시 질주에 방해가 되는 것에 대한 정신의 테일러리즘이, 다시 혼연일체와 대동단결의 신화가 운동화 끈을 고쳐 매고 있다. '근대화'의 소멸은 근대라는 모델의 소멸이 아니라 내면화였다. 우리는 정확히 100년 전의 그 트랙 위에 좀 더 복잡하게 굳건해진 내면으로 다시 서 있다.

브뤼노 라투르는 『우리는 결코 근대인이었던 적이 없었다』에서 근대 세계는 '그 가능성에 있어서는' 과거와 단절하는 총체적이고 비가역적 발명품이지만 연결망으로서 볼 때에는 실천들의 작은 연장, 지식의 순환에 있어서의 약간의 가속, 사회들의 조그만 확장, 행위자들 숫자의 미미한 증가, 과거의 믿음에 대한 약간의 변형 이상의 어떤 것도 거의 허용하지 않는다고 말한 바 있다.

다시 말해 근대의 실제는 이론적으로 공표되거나 정돈된 바 그대로의 모습인 적이 없었다는 것이다. 그렇다면 우리의 20세기가 바투 좇은 저 '근대'라는 선발주자의 등은 무엇의 등인가? 저 등을 내면에 이념으로서 담고 있는 한 우리는 여전히 근대인이다. 그리고 실체가 없는 채 모델로 오래 기능하는 근대는 미래로 현재를 강박하는 이념으로 언제든지 회귀할 수 있다.

광해군과 정조의 시대

≡우경섭(인하대학교 한국학연구소 HK교수)

"조선왕조 역대 국왕 중 가장 훌륭하다고 생각되는 사람은?" 조선시대사를 강의할 때마다 학생들에게 물어보는 질문이다. 정답은 늘 정해져 있다. 1등 세종, 2등 정조, 3등 광해군이다. 학교에서 국사를 배운 적이 있다면 당연히 할 만한 대답이다.

재위 당시부터 성군이라 추앙되었던 세종을 제외하고, 나머지 두 명에 대한 인식의 연원을 추적하다 보면 무척 곤혹스러운 지점에 도달하게 된다. 어머니 인목대비를 내쫓고 동생 영창대군을 죽인 패륜의 군주 광해군을 중립외교라는 탁월한 안목을 지닌 임금으로 재평가하고, 죄인 사도세자의 아들로 태어나 사대부의 공론정치를 탄압했던 정조를 탕평蕩平과 실학實學의 군주로 새롭게 자리매김한 사람들이 유감스럽게도 식민사학자들이었다는 사실이다.

한반도의 역사를 만주 역사의 종속변수로 간주하려는 이른바 만선사학滿鮮史學의 신봉자들이 만주의 동향에 민감하게 반응했던 긍정적 실례의 하나로서 광해군의 중립외교와 정조의 고증학, 그리고 그것을 뒷받침하는 정치적 과단성 및 실리주의적 공통점을 거론한 것이 그 시초였다.

광해군과 정조에 대한 긍정이 곧 식민사학에 대한 동조라고 말할 수는 없다. 그러나 지난 20세기 내내 우리에게 내면화되어 정설로 받아들여졌던 조선왕조의 타율성과 당파성에 대한 비판적 인식이 광해군·정조에 대한 그리움과 동일한 뿌리를 지니고 있음은 부정하기 어렵다.

사대주의와 당파싸움으로 허송세월 하다가 왕조의 멸망을 자초했다는 통설 아래, 조선시대의 문치文治적 전통과 의리론義理論은 공리공담空理空談의 향연으로 이해될 수밖에 없었다.

조선왕조에 대한 그러한 인식이 지난 100년간 온존할 수 있었던 가장 중요한 까닭은 지금의 현실이 조선왕조의 상황과 부옇게 겹치기 때문일 것이다. 큰 나라들 사이에 끼어 갈 길을 찾기 힘든 국제 질서 속에서, 무능하고 부패한 관료들이 공허한 이론과 치졸한 밥그릇 싸움으로 날을 지새우는 현실은 단지 조선시대만의 모습이라고 생각되지 않는다.

그리고 그처럼 앞이 안 보이는 캄캄한 시절을 홀로 돌파해 나가려는 강단 있는 지도자의 모습은 여전히 21세기에 사는 우리들에게도 큰 매력을 드리우고 있다.

그런 까닭에 요즘도 광해군과 정조를 주인공으로 삼은 TV 사극 혹은 영화를 만나기는 어려운 일이 아니다. 진흙탕 같은 세태 속에서 홀로 진주처럼 빛을 발하던 광해군과 정조의 드라마는 배우만 바뀐 채 똑같은 이야기를 해마다 되풀이 되고 있다. 이젠 좀 지겨울 때도 된 듯한데, 그러나 늘 새로운 역사 해석인양 제작자들이 사기를 칠 수 있는 까닭은 식민지 시기 이래 광해군과 정조의 역사상이 지금 시청자들에게도 먹히기 때문이리라.

그런 사극들의 내용 중 어디까지가 사실이고 어디까지가

허구인지 구분하는 것은 그다지 중요한 문제가 아니다. 그 보다는 사극에 포함된 사실과 허구를 통틀어 형성된 역사적 이미지가 어떠한 인식의 흐름 속에서 생산되고 기능하는지 살피는 것이 중요하다.

이미 수백 년 전에 세상을 떠난 그 두 사람을 왜 무덤 속에서 자꾸 불러내어 TV를 통해 재생시키는지 그 이유를 검토하는 작업, 그것은 현재의 우리가 과거에 대해 어떠한 모습을 요구하고 있는지 검토하는 작업이기도 하다.

현재적 문제의식이 사극을 통해 역사로 환원되어 집단적으로 재생산되고 있는 점에 유의한다면, 광해군과 정조에 대해 우리가 가지고 있는 역사인식의 공통적 특징은 과연 무엇일까? 필자는 그것이 집단주의와 현실주의라고 정리할 수 있을 듯하다.

사극 속의 광해군에게는 자주적 실리 외교의 이미지만 남은 채, 독재와 전횡의 잘못들은 잊히게 되었다. 그리고 300년간 조선왕조를 지탱해 온 공론정치의 시스템을 헐어버린 뒤 새로 설립한 규장각奎章閣에 모든 국가권력을 집중시켰던 정조의 시대는 여태껏 조선후기의 르네상스라 칭송

되고 있다.

그러한 인식은 분명 식민지 때부터 오늘에 이르기까지 한국 사회가 체험했던 전체주의의 기억과 무관하지 않을 것이다. 다양성을 당파성으로 간주할 수밖에 없었던 독재의 추억이 여전하기에, 우리는 아직도 그러한 시선으로 조선왕조를 쳐다보는 것이 아닐까?

또한 21세기의 인문학은, 먹고사는데 직접적인 도움이 안 된다는 점에서, 조선시대 망국을 초래했던 공리공담의 주자학과 별반 다를 것이 없을 듯하다.

인간과 세계에 대한 인문학적 고민은, 우리가 조선후기를 평가하는 방식과 같이, 모두 폐기되어야 하며 그 자리를 실용적 학문 즉 '실학'으로 대체해야 마땅한 것일까? 요컨대, 광해군과 정조에 대한 새로운 이미지는 '부국강병'이라는 현실론 아래 숨겨진 전체주의적 이데올로기를 넘어설 때에야 비로소 찾아볼 수 있을 것 같다.

'다산茶山'의 초상

≡정종현(인하대학교 한국학연구소 HK교수)

배우 김명민 주연의 〈조선명탐정: 각시꽃 투구의 비밀〉, 〈조선명탐정: 사라진 놉의 딸〉 등 두 편의 영화를 보다가 문득 현대 한국인들이 갖고 있는 다산 정약용의 이미지에 대해서 생각해 보게 되었다.

최근의 대중서사에서 정약용은 명랑·코믹하면서도 애민사상과 합리적인 지력을 겸비한 인물로 그려진다. 이러한 그의 형상은 조선 후기 '우리' 안에 있었던 바람직한 근대성의 인격적 구현처럼 느껴진다.

그는 종종 정조 임금과 한 쌍으로 엮여서 조선후기 한국 사회가 이룰 수 있었던 좌절된 근대의 가능성으로 표상된다. 정조가 죽지 않고 조금만 그의 치세가 이어졌다면 정약용 등의 실학자들과 함께 한국이 자생적 근대화를 이루었을 것 같은 아쉬움을 여러 대중역사서와 서사물에서 확인할 수 있다. 이런 인식 속에서 정조는 일본의 메이지 천황, 정약용은 후쿠자와 유키치나 요시다 쇼인 쯤으로 여겨지고 있는 셈이다.

흥미로운 것은 정약용과 실학이 우리가 가보지 못한 좌절된 근대의 가능성으로 발견되는 과정에는 한국인의 현창 작업뿐만이 아니라, 뜻밖에도 일본의 식민사학이 중요한 역할을 했다는 사실이다. 물론 그를 발견한 것은 한국인들이 먼저였다.

대한제국기의 한국지식인들은 망국의 위기 앞에서 정약용에 주목하였다. 당시 다산의 사상은 '정치경제학', '경제고거학經濟考據學' 등으로 명명되며 주자학과는 다른 근대적 학문으로 인식되었다. 최남선 등은 광문회光文會에서 정약용과 '실학파' 학자들의 저술을 출간하여 실학을 실체화하는 데 기여했다.

이러한 한국인들의 작업과 서로 영향을 주고받으며 일본인들도 정약용과 실학파에 주목했다. 한일 강제병합 이전부터 조선에 거주하던 일본인들은 조선고서간행회(1908)를 결성하여 정약용 및 실학파 관련 저서들을 출판했다. 그리고 강제병합 직후에는 '조선연구회', 1920년대에는 '자유토구사自由討究社' 등에서 실학파 관련 저술을 간행 혹은 번역하고 있었다.

일본인들은 왜 다산 등 실학파의 저서에 주목하게 되었을까? 실학서는 조선의 백성들이 얼마나 가렴주구에 시달렸는지를 강조하고, 그것이 원인이 되어 조선왕조가 멸망할 수밖에 없었다는 것을 입증하는 데 적절한 자료였다. 이를테면 그들에게 정약용의 『목민심서牧民心書』는 '극단적인 부패에 빠진 정치', '조선인의 노예적 굴욕 생활'과 유교의 폐해를 알려주는 좋은 견본이었다.

이처럼 1910~1920년대 일본인의 학술 담론에서 정약용과 실학파는 조선인의 민족성인 당쟁의 파쟁성과 노론 주자학의 부정성을 부각시키는 근거로 활용되었다. '주자학=봉건, 실학=근대'라는 대립적 형상이 만들어지는 데에는 당시 일본인들의 담론이 일익을 담당했다. 제국의 담론 속에서 정약용과 실학파는 민족주의적 표지가 아니라, 식민지인의 국민화를 위해 소환된 지극히 비조선적인 문화적 전통이었다.

이러한 일본인들이 만든 실학파의 형상이 지닌 근대성을 일부 수용하면서, 1930년대 초중반 정인보, 안재홍 등은 민족주의와 근대주의를 결합시킨 정약용 해석을 중심으로 '조선학 운동'을 주창했다.

흥미로운 것은 1930년대 다산을 부각시키는 데에 마르크스주의를 방법론으로 하는 백남운, 최익한 등의 사회경제사적 연구들도 중요한 역할을 했다는 사실이다. 이들의 연구에서 정약용의 '여전제閭田制' 등은 소련의 '콜호즈(집단농장)' 등을 선취한 사회주의의 맹아를 안고 있는 사상으로 암시된다.

해방과 분단 이후 남북한에서 정약용은 각각의 체제에 따라 다른 형상을 부여받는다. 1950년대 남북한에서 간행된 최익한의 『실학파와 정다산』(1955), 홍이섭의 『정약용의 정치경제사상 연구』(1959)는 흥미로운 저작이다.

1950년대 분단과 냉전의 사상지리 속에서 발간된『실학파와 정다산』에서 최익한은 정약용과 그의 사상을 북한 사회주의를 예비한 자생적 혁명사상(가)으로 묘사했다. 이에 대비하여 홍이섭은『정약용의 정치경제사상 연구』에서 정약용을 체제 내적인 행정적 개혁론자로 이해하고 있다.

근대 이후 종족과 이념을 달리하는 다양한 맥락에서 만들어진 이러한 다산의 초상을 통해서 알 수 있듯이, '있는 그대로의 역사'라는 것은 어쩌면 이데올로기에 불과할지도 모른다.

역사는 기록하고 해석하는 사람의 입장이기 때문이다. 역사 해석의 다양성을 인정하고 각기 다른 해석과 입장들이 부단히 부딪히며 늘 새롭게 쓰여 지는 역사, 그러한 갱신이 가능한 문화적 풍토가 '바람직한 역사서'를 가능하게 하는 가장 확실한 길일지도 모르겠다.

누가 한국인인가?

‖박준형(인하대학교 한국학연구소 **HK**연구교수)

지난여름 태국 방콕에 갔을 때의 일이다. 나는 방콕 시내 올드 시티 권역 남쪽 끝에 위치한 시암 박물관을 찾았다. 특별한 목적이나 사전 지식이 있던 것은 아니었다. 해외 도시들을 여행할 땐 으레 박물관을 찾던 습관이 나의 발길을 이끌었을 뿐이다. 그런데 나는 그곳에서 뜻밖의 경험을 하게 되었다.

박물관에 들어서면 일단 5분 정도의 짧은 영상을 시청해야 했다. 박물관을 소개하는 영상이겠거니 하고 일군의 관람객들 사이에 앉아 있었는데 영상은 의외로 가볍지 않은 질문을 던졌다.

"누가 태국인인가?"

이국땅인 태국의 박물관에서 외국인 관람객으로서 그에 기대하는 것은 '태국인'에 대한, 그 나라의 역사와 문화에 대한 지식일 것이다. 그런데 이곳에서는 오히려 누가 '태국인'인가를 관람객들에게 묻고 있으니 적반하장도 유분수인 셈이다. 이곳은 박물관으로서의 역할과 임무를 방기해 버린 것인가?

질문의 무게에 비해 영상 자체는 어렵지 않았다. 과거와 현재를 오가며 일찍이 '태국적인 것'이라 여겨 왔던 것에 의심을 품어 볼 만한 장면들을 재미있는 콩트로 구성하였다. 말하자면 한국의 대표 음식이라 하는 김치가 정말 '한국적인 것'이라 할 수 있는지를 주변 문화와의 비교를 통해, 혹은 과거로 거슬러 올라가 검증하는 식이다.

영상이 끝나면 어둠 속 한켠에 있던 문이 열리고 비로소 박물관 관람이 시작된다. 그런데 이때 관람객들은 더 이상 지식의 일방적인 수용자가 아니다. 영상이 던진 질문의 답을 스스로 구하려는 탐구자의 자세로 바뀌어 있었다.

전시관 초입에는 아시아 지도 위에 아시아계 아이들 얼굴로 가득 차 있는 커다란 벽이 세워져 있었다. 다른 듯 같은, 같은 듯 다른 얼굴들의 연속. 그 사이사이 아직 채워지지 않은 자리는 거울로 되어 있었는데, 그 거울 앞에 서면 아이들 사이의 나를 발견할 수 있다. 그리고 이처럼 간단한 경험을 통해 관람객들은 국경을 초월하는 인종의 장대한 스펙트럼 위에 내가 자리하고 있음을 깨닫게 된다.

전시는 태국의 옛 이름인 '시암' 시대로 거슬러 올라갔다. '시암'은 본래 다양한 인종들이 모여 새로운 문화를 창출하는 혼종적 장소였다고 말한다. 그렇다면 현재의 태국은 어떠한가? '태국인'은 19세기 이후 민족주의자들에 의해 순수한 혈통을 갖는 배타적 정체성으로 발명되었고, 1939년 국가사회주의 체제하에서 국호 또한 그에 맞게 '태국'으로 고쳐졌다는 설명이다.

박물관을 다 돌아보고 나서야 나는 왜 이곳이 시암 박물관인지, 그리고 왜 체험 박물관을 표방하고 있는지를 이해하게 되었다. '태국' 민족주의에 의해 지워졌던 혼종적 사회의 흔적이 '시암'이라는 말 속에 담겨 있었고, 그러한 옛 기억을 되살림으로써 순혈주의에 기반한 '태국인' 정체성을 상대화시켜 보는 '체험'이 가능했던 것이다. 단군의 고조선에서 시작하여 고대와 중세를 거쳐 근현대에 이르기까지, 장구한 단일민족 서사에 익숙해져 있던 나로서는 신선한 충격이 아닐 수 없었다.

사실 유학을 마치고 돌아와 국내에서 처음 발표의 기회를 얻었을 때, 나는 많은 반감들과 마주해야만 했다. 한국근대사 전공인 나는 개항 이후 외국인과 외국인거류지의 법적 지위를 연구하고 있었고, 발표에서는 해당 시기에 외교적 현안이던 외국인과 조선인 간의 '잡거' 문제를 주로 다루었다.

추측컨대 반감의 소지는 무엇보다도 '잡雜'이라는 글자에 있었던 것 같다. 일단 '잡'은 '잡것', '잡종' 등을 연상시켜 어감이 안 좋을 뿐만 아니라, 병인양요에서 일제의 한국병탄으로 이어지는 우리의 근대 역사에서 외국인은 대부분 침략자였던 까닭에 그들과의 섞임 자체를 인정할 수 없다는 이유였던 것으로 기억한다.

이처럼 우리는 잡스러움을 혐오한다. 그러나 우리 사회는 이미 '잡거'하고 있는 것이 아닐까. 최근 언론 보도에 따르면 한국에 사는 외국인 수는 174만 1,919명으로 전체 인구의 3.4%이고, 외국인 거주 비율이 5%를 넘는 도시도 전국적으로 12곳이나 된다고 한다.

탈북자 수도 증가하여 우리 인천의 남동구는 탈북자들이 가장 많이 사는 기초자치단체가 되었다. 이러한 추세는 앞으로도 지속될 것으로 보이지만, 우리는 새로운 이웃이 그저 낯설기만 하다.

통일을 위해 필요한 것이 순혈주의에 기반한 하나의 '기억'일까. 아니 오히려 '잡거'하는 사회에 걸맞은 교육과 제도들이 요구된다고 생각한다. 잡스러움을 받아들이지 못한다면 통일은 낯선 이웃들과 그들에 대한 혐오의 증대만을 뜻하게 될 것이다. 그 점에서 우리에게도 이 질문은 유효하다. "누가 한국인인가?"

벽, 만남이 시작되는 장소

≡이화진(인하대학교 한국학연구소 HK연구교수)

연구자의 본업과 무관하게 얼마 전부터 취미 삼아 시작한 작업이 있다. '월 프로젝트(Wall Project)'라고 이름 붙인 이 작업의 폴더에는 내가 직접 찍었거나 여기저기에서 갈무리해둔 벽 사진들이 보관되어 있다.

벽을 수집하는 취미라고 불릴 만도 하겠으나, 벽이란 수집될 수 없는 것이다. 벽은 원래 있던 자리에서 다른 자리로 옮겨지면, 그것이 가지고 있던 벽으로서의 기능을 상실해 버리기 때문이다.

어떤 공간의 둘레를 형성하고, 이쪽과 저쪽을 나누고, 통행을 가로막고 단절시키며, 그 공간의 관계성을 규정지어 버리는 벽은, (당연한 말이지만) 바로 거기에 있어야만 벽이다. 그러니 나의 이 새로운 취미는 벽을 기록하는 작업이라고 해두는 게 좋겠다.

벽에 관심을 갖게 된 계기는 2013년 12월 한 대학생의 대자보가 전국에 몰고 온 '안녕들 하십니까' 열풍이었다. 학생들이 많이 지나다니는 길목 게시판에 붙여진 대자보는 그저 안녕할 수 없는 '하수상한 시절'에 가장 일상적이고 친숙한 안부 인사로 12월의 을씨년스러운 날들을 뜨겁게 달구었다.

서로의 안녕을 묻는 일 그 자체가 '정치적인 것'이 되고, 그렇게 '안녕들 하십니까'라고 묻고 또 묻는 대자보를 붙이는 일이 삽시간에 전국의 대학가로 번져나갔다. 그 열기가 소셜미디어를 통해 상상을 초월할 정도로 널리 그리고 빠르게 확산되어서 고등학생이나 직장인, 심지어 정치인들도 그 열풍에 동참했던 것은 잘 알려진 바이다.

1980년대 대학가의 대자보 문화나 1960년대 중국 문화혁

명 시기 '다지바오[大字報](dazibao)'의 역사가 재조명된 것도 '안녕들 하십니까'의 효과였다고 할 수 있겠다.

블로그, SNS, 팟캐스트, UCC 등 개인의 의견과 아이디어를 공유할 수 있는 소셜미디어가 이미 일상의 중요한 커뮤니케이션으로 자리 잡았고, 젊은 세대일수록 그러한 커뮤니케이션에 익숙해져 있음에도 불구하고, 왜 지금 대학가에는 굳이 손으로 쓴 대자보가 힘이 있는 미디어로 부상하는 것일까.

매스미디어에서는 매일 새로운 뉴스가 흘러넘치고, 포털 사이트의 검색어 순위는 우리가 그때그때의 핫이슈를 놓치지 않도록 도와주고 있는데, 대자보 속에서 울려나오는 이 여러 갈래의 목소리들은 무엇을 더 알리려고 하는 것일까. 굳이 알고 싶지 않은 연예인의 시시콜콜한 연애사까지 알고 있는 마당에 도대체 우리가 모르는 게 무엇이란 말인가.

아마도 중요한 것은 대자보 안에 쓰인 정보나 의견만이 아닐 것이다. 이 원시적인 미디어는 메시지 그 자체보다 메시지를 전달하는 방법에 주목하게끔 한다.

대자보 위의 다양한 손글씨체들은 그만큼 다양한 목소리가 존재한다는 것을 가시화하고, 어딘가에 붙은 대자보를 촬영한 사진이 소셜미디어를 통해 유포된다고 해도 대자보가 장소 특정적인 미디어(site-specific media)라는 사실은 여전히 중요하다.

소셜미디어를 통해 누구나 자기의 의견을 직접 개진하고, 빠른 시간 내에 널리 유포할 수도 있다. 하지만 대자보는 이렇게 '손쉬운' 방법이 아니라 좀 더 수고로운 방법을 취함으로써, 가상이 아닌 실재에서 어떤 물리적인 공간을 '공통의 것'으로서 공유하고자 하는 의지를 보여준다.

산책로와 조경이 늘어나고 있는 이 '아름답고 평화로운 도시'에서 날이 갈수록 줄어드는 것은 광장과 빈 터이다. 반드시 어떤 벽과 결합해야만 미디어로서 기능할 수 있는 대자보는 광장 대신 벽을 새로운 만남의 장소로 만들어내고 있다고 할 수 있을 것이다.

나의 '월 프로젝트'는 대자보와 같이 능동적이고 자발적인 대안 미디어에 대한 단순한 관심에서 시작되었지만, 고현학을 하듯이 의식적으로 벽의 기록을 수집하다 보니, 익

명의 존재들 사이의 소통이 시작되는 잠재성의 공간으로서 지금 한국 사회에서 벽의 의미를 다시 읽고 싶어졌다.

이러한 관점에서 영화 〈위로공단〉에서 김진숙의 인터뷰는 대단히 인상적이었다.

남영동 대공분실에서 고문을 당하던 그때, 우연히 그녀의 눈에 들어왔던 벽 위의 낙서. 누가 남긴 것인지 알 수 없으나, 그 방을 거쳐 간 수많은 폭력의 희생자들 가운데 어떤 한 사람이 적어놓았으리라 짐작되는 그 문장은 "살아서 나가자"라는 것이었다. 누가 보라고 쓴 것도 아닌 이 문장이 그 순간 그녀에게 삶에 대한 강한 의지를 불어넣어 주었다는 것은 벽 위의 메시지가 갖는 힘과 울림에 대하여 다시 생각해 보게 한다.

1인 크리에이터 시대

≡윤현정(인하대학교 한국학연구소 HK연구교수)

지난해 9월, 마이크로소프트는 게임 〈마인크래프트〉의 인수를 공식 발표했다. 인수금액은 약 25억 달러로 알려졌다. 2011년 11월 정식 출시된 〈마인크래프트〉는 스웨덴의 프로그래머 '마르쿠스 알렉세이 페르손'에 의해 창조된 인디게임이다. 자원을 캐고(mine), 이러한 자원들을 활용해 건축물을 비롯한 무언가를 만드는(craft) 것이 게임 플레이의 전부다.

1979년생인 페르손은 고교 졸업 이후 회사 일을 병행하며 혼자서 게임의 베타 버전을 개발했다. 게임 개발 과정과

베타 버전을 웹을 통해 공유하며 다양한 의견을 수렴했고, 웹을 통해 직접 게임을 판매했다. 〈마인크래프트〉는 최초 발매 당시 24시간 동안 15명에게 판매되었을 뿐이지만, 포춘지에 따르면 2015년 상반기 가장 많이 팔린 게임 5위를 기록하며 꾸준한 인기를 얻고 있다.

화려한 그래픽, 방대한 세계관에 기반을 둔 치밀한 스토리, 정교한 게임 시스템을 자부하는 대작 게임들도 성공을 장담하기 어려운 게임 시장에서 도트가 훤히 보이는 고전 게임 스타일의 〈마인크래프트〉가 성공할 수 있었던 이유 중 하나는 바로 '렛츠 플레이(Let's Play)' 현상이다.

이는 자신의 게임 플레이 영상을 찍어 유튜브 등을 통해 공유하는 것으로 가상의 레고놀이라고 말할 정도로 높은 자유도를 지닌 〈마인크래프트〉의 특성이 '렛츠 플레이'와 맞아떨어진 것이다.

〈마인크래프트〉에는 반드시 완수해야하는 미션이나 퀘스트도, 게임 플레이를 통해 따라가야 할 스토리도 없다. 플레이어는 매번 새로운 자신만의 목적을 스스로 설정하고 그 안에서 매번 새로운 스토리를 경험한다.

그 과정에서 다양한 창작물이 게임 내에 만들어지기도 하며 이러한 게임 플레이와 게임 플레이의 결과물들이 '렛츠 플레이'를 통해 하나의 기록이 되어 다른 이들과 공유된다. 〈마인크래프트〉는 그 자체로 1인 크리에이터에 의해 만들어진 가장 성공한 게임인 동시에, 또 다른 수많은 1인 크리에이터들을 만들어낸 게임이 된 것이다.

26살의 여성 BJ인 '양띵'은 성인들에게는 다소 낯선 이름이지만 '초통령(초등학생들의 대통령)'이라고 불릴 정도로 어린이들에게 큰 인기를 끌고 있다. 〈마인크래프트〉'렛츠 플레이' 영상을 주로 제공하고 있는 양띵의 유튜브 채널은 현재 국내 게임 채널 중 1위로 2013년 1월 가입 이래 누적 조회 수 약 8억 2천 회를 기록하고 있다.

게임이 좋아서 취미로 시작했던 게임 방송이 큰 성공을 거두면서 부업이 본업이 되었다는 양띵은 지난 8월부터는 KBS2의 〈예띠 TV〉로 공중파에 진출하는 등 1인 크리에이터 열풍의 선두에 서 있다.

스스로 콘텐츠를 기획, 제작, 유통하는 1인 크리에이터들은 그 자체가 콘텐츠이자 채널이며 플랫폼이다. 1인 크리에이터들로 말미암아 전통적인 콘텐츠 산업 생태계와는 전혀 다른 생산, 유통, 소비의 시대가 열린 것이다. 우리가 1인 크리에이터에 주목해야할 이유가 바로 이 때문이다.

페르손과 양띵의 사례처럼 개인의 상상력과 창조성이 뉴미디어 기술의 뒷받침을 통해 실현, 공유될 수 있고, 소비 역시 개인들의 자유로운 선택과 의지에 의해 일어난다. 소비된 콘텐츠는 다시 SNS를 통해 공유되거나 또 다른 창작으로 연결되며 선순환 된다. 이것이 바로 1인 크리에이터 콘텐츠의 핵심이다.

때문에 최근 양띵과 같은 1인 방송 크리에이터들을 발굴, 육성, 지원하는 MCN(Multi Channel Network) 산업의 열풍과 CJ E&M, 디즈니와 같은 메이저 콘텐츠 제작 그룹들의 MCN 사업 진출은 1인 크리에이터 콘텐츠 생태계를 조성, 활성화한다는 측면에서 긍정적이지만 그 본질을 희석시킬 수도 있다는 우려를 동시에 갖게 한다.

게임 스튜디오 모장 AB를 설립해 본격적인 사업에 뛰어들었던 페르손은 마이크로소프트의 〈마인크래프트〉 인수 이후 완전히 회사를 떠난다고 밝힌 바 있다. 그는 '나는 모장을 떠납니다'라는 글을 통해 자신은 너드(nerd) 컴퓨터 게임 프로그래머일 뿐이며 그저 게임을 사랑했기 때문에 〈마인크래프트〉를 만들었다고 밝힌다.

큰 히트작을 만들거나 세상을 바꾸겠다는 생각으로 게임을 만들지 않았음에도 너무나 많은 책임과 관심이 자신에게 쏟아져 감당하기 힘들다는 것이다. 좋아서, 원해서 콘텐츠를 제작하고 또 그것에 관심을 기울이는 이들과 공유하며 공감을 나누는 것이 1인 크리에이터다.

'제2의 양띵'을 발굴, 육성하고 이를 위한 시스템이 체계화 된다면 1인 크리에이터는 그저 스타가 될 뿐이다. 콘텐츠 산업계의 새로운 거인으로 성장해 나가고 있는 MCN 사업자들은 1인 크리에이터의 본질을 잊어서는 안 될 것이다. 그렇기에 페르손이 모장을 떠나며 남긴 마지막 문장은 의미심장하다. "돈 때문이 아닙니다. 내 정신 상태 때문입니다(It's not about the money. It's about my sanity)."

'일일대로—帶—路', 동아시아의
과거 10년·미래 10년

≡류준필(인하대학교 한국학연구소 HK교수)

2013년 9~11월에 중국의 국가 주석 시진핑[習近平]은 거
대한 중국발 세계경영 비전을 제시한다. 중앙아시아와 동
남아시아를 방문하면서 제시한 내용이다. 이른바 '일대일
로—帶—路'이다.

중국이 그 서쪽의 중앙아시아를 거쳐 러시아·유럽으로
이어지는 육상 실크로드'—帶'와 더불어, 중국 남쪽의 바닷
길을 통해 동남아시아·인도·아프리카로 이어지는 해상 실
크로드'—路'를 개척해 나간다는 거대한 계획이다. '일대일

로'가 그리는 청사진에 따르면, 육·해상 실크로드 주변으로
는 60여 개국을 포함한 거대 경제권이 형성된다.

이 과정에서 고속철도망·물류 허브·기반시설 등의 물적
인프라는 물론이고 관련 국가들 사이에는 거대한 금융 네
트워크가 마련된다는 것이다. 2050년을 목표로 삼아 수백
조의 비용을 투자한다고 하며 원활한 사업 수행을 위해 아
시아인프라투자은행 'AIIB'도 설립을 추진하는 중이다.

2015년 3월에 중국 정부는 '일대일로'에 대한 세부 계획
을 담은 '비전과 행동'을 발표하였다. 물론 아직은 거대한
청사진 수준을 넘어서지 못한 상태이지만 이 구상이 야기
하는 파급 효과는 심대하다. 결과적으로 중국을 중심에 둔
세계 질서의 재편을 지향하는 것이기 때문이다.

중국을 중심으로 유라시아 대륙의 긴밀한 통합은 물론이
거니와 아프리카까지 아우르는 이 구상의 반대편엔 아메리
카 대륙 정도가 남게 되어, 결국 미국과 중국이 대립하는
역학 구도를 예비한다.

'일대일로'가 천명되던 그 무렵에 한국 정부도 이른바 '유

라시아 이니셔티브(Eurasia Initiative)'를 제안하였다. 유라시아 대륙의 국가들이 긴밀하게 협력하는 권역을 설정하고, '실크로드 익스프레스'를 통해 교통·물류 인프라를 구축하며 전력·가스·송유관 등 에너지 네트워크를 형성하자는 것이다. 이렇게 되면 자연스럽게 동(북)아시아의 핵심 문제인 북한의 국제사회 참여를 유도하여 한반도 및 동북아의 긴장 완화를 도모할 수 있다는 구상이다.

한편으로 보자면 '유라시아 이니셔티브'는 중국의 '일대일로'와 상생의 비전을 공유할 수 있을 듯하지만 실제로는 그다지 낙관적이지 않은 실정이다. 무엇보다 '일대일로' 전략의 각론이라 할 수 있는 '비전과 행동'에는 동(북)아 지역이 부차화 되어 있다.

육상 실크로드나 해상 실크로드 구상 어디에도 '한국·북한·일본' 등 주변국과의 협력 관계에 대한 언급이 전혀 없다. 이것이 '유라시아 이니셔티브'의 긍정적 전망을 유보하게 하는 가장 큰 이유이다. 중국 측 입장에서는 동북아 지역의 역내 갈등이 심각한 탓에 실질적인 협력 가능성에 대해 회의적이었을 수 있다. 북한의 핵문제 해결은 다소 요원하고 김정은 정권의 안정성을 장담하기 어려운데다가 미·일

동맹이 강화되는 중이라 갈등이 더 심화될 여지가 있다는 판단의 결과인지도 모른다.

'일대일로'가 계획대로 진행될지는 예측하기 어렵다. 그 이상으로 한반도 주변의 정치적 상황이 어떻게 전개될지도 오리무중에 가깝다. 그렇지만 중국이 제안한 '일대일로'라는 거대한 전략적 비전이 향후 한국의 미래 10년을 예상할 때, 적잖은 영향을 미칠 요인인 것만은 분명해 보인다. 한국 및 한반도의 장기적 전망을 모색하는 데에 중국은 이미 변수가 아니라 상수가 된 지 오래다. 좋고 싫고의 문제가 아니라 현실적 압력이자 전제이다.

불과 10년 전의 중국은, '인본주의以人爲本에 기초하여 전면적·협조적·지속가능한 발전을 견지한다'는 과학발전관을 국정 운영 원칙으로 선언한 후진타오 정부가 막 출범한 상태였고, 당시 세계 경제를 풍미하였던 이른바 '신자유주의'에 대한 연구가 본격적으로 진행되던 때였다.

그런 배경 속에서 2004년 '베이징 컨센서스'라는 용어가 등장하였다. 신자유주의적 세계 질서를 상징하는 '워싱턴 컨센서스'(1989)와 구분되는 발전모델이 중국에서 형성되고 있으며 이러한 중국식 모델은 신자유주의의 폐해에 시달리는 개발도상국들에게 새로운 전망을 환기하는 용어였다. 이를 계기로 중국모델론이 본격화되기 시작한 지 겨우 10년 만에 중국의 '일대일로' 정책이 등장한 것이다.

불과 10년 사이에 중국의 면모는 수동적·방어적 태도에서 적극적·능동적 태도로 전환되었다. 10년이 지난 어느 날, 우리는 어떤 처지에서 10년 전을 돌아보게 될 것인가. 이 나라 어디선가는, 우리 중 누군가에게서는, 1년이 아니라 10년 이후를 대비하는 지혜가 움트고 있어야 할 것이다. 이것은 선택이 아니라 필수다.

제2부
동아시아한국학의
발자취 2
: 연구노트

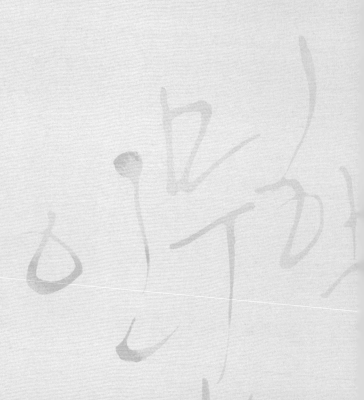

동아시아한국학 연구노트 1(2012.03)

한국학의 복수성複數性 혹은 한국학'들'의 학술사를 위하여

≡류준필(인하대학교 한국학연구소 HK교수)

인하대학교 한국학연구소의 인문한국사업(HK)의 아젠다는 '동아시아 상생과 소통의 한국학'이고, 2011년부터 시작된 2단계의 중점 주제는 '한국학과 동아시아의 소통'이다. 이 연구과제를 준비하면서 본 연구소 연구인력들은 한국학의 학술사적 재구성을 연구의 기본 방향으로 공유하고 있다. 보다 구체적으로는 근대 학문으로서 '한국학의 복수성複數性' 혹은 복수의 한국학'들'이 어떻게 형성되었고 그 관련성은 어떠한지 살피는 과제라고 할 수 있다. 이와 관련하여 몇 가지 기본적 출발점을 환기함으로써, 연구의 시각과 방

법론적 의의를 자문하고자 한다.

'학술사': 무엇보다 한국 학계의 근본적 한계이자 취약성이라 할 수 있는 '학문적 축적의 구조'를 견실하게 마련하기 위해서 학술사 연구가 요청된다. '근본적 한계'라고 했지만 그리 멀리 있는 문제가 아니다. 학계가 처한 작금의 현실이 노정하고 있는 상황이다. 논문과 저술이 무수히 쏟아지고 있으나, 정작 그러한 학술활동이 어떤 역사적 위치에서 어떤 문제들과의 대화를 통해 이루어지는지 자각되지 않는다. 연구자 자신이 선 자리가 어디인지, 어떤 학문적 맥락 속에서 해당 연구의 의의가 판단되는지 자각적 구성 노력은 많이 부족하다. 최소한으로 공유하는 문제틀을 발견하기 어렵다. '학계가 사라졌다'는 말이 공연한 투정이 아니다. 대학원생이 처음 훈련받아야 할 영역은 해당 주제·분야의 연구사일 터인데, 그 학문의 역사 이외에 무엇을 보여줄 수 있겠는가.

'근대': '학술사'가 '근대'라는 한정을 받을 필요가 있다. 우리가 지금 하는 학문적 행위가 어디서 연원하는지 묻는 작업이 우선적이기 때문이다. 근대 이전의 학술사가 덜 중요하다는 뜻이 아니다. 현재의 학술 활동이 '근대'라는 시간적 제약 속에서 이루어진 역사의 연장선에 있는 것이라면, 학술사란 전근대의 역사라 하더라도 근대적 학술이 근대적으로 전유하는 방식을 문제 삼는 것일 수밖에 없다. '학술사'라는 거창한 이름을 달지 않더라도 지난 세기 한국 학문의 역사를 정리하는 작업은 이제 선택이 아니라 의무이다. 학문의 이름으로 20세기를 정리하는 일차적 과제는 학술사일 수밖에 없고, '학계'의 부활이 가능하기 위해서라도 학문의 '족보' 정리 사업이 필요하다. 학술사 연구란 기본적으로 21세기에 접어든 지 오래인 현재에, 20세기를 어떻게 인식·정리할 것인지에 대한 자기지시적-메타적 재인식 작업이다. 요컨대 학술사 연구의 과제는 학술의 근대성을 해명하는 데 있다.

'한국'=바깥의 한국'들': '한국'의 근대 학술사라는 공간적 한정을 어떤 시각으로 규정할 것인지가, 남아 있는 가장 중요한 논란거리이다. '한국'의 의미는 두 가지 측면에서 논의될 필요가 있다. 하나는, 지금 현재의 한국 학문이라는 위치이다. 즉 근대 학술사의 구도를 가늠하고 연구를 수행하는 주체가 처한 자리이다. 다른 하나는 '대상으로서의 한국'이다. 한국을 대상으로 하는 학술, 즉 한국학이라고도 할 수 있다. 달리 말하면, 전자는 학술사 연구의 현재적 주체이고 후자는 그 대상이다. 그런데 한국을 대상으로 하는 학문으로서의 한국학은, 전자, 즉 한국이라는 주체의 공간적 위치로 모두 수렴되지 않는다. 요컨대 한국학의 존재 형식이 자국학으로 한정되지 않는다는 말이다. 한국을 벗어난 자리에서 한국을 대상으로 수행되어 왔고 수행되고 있는 한국학이 존재했고 존재할 수 있기 때문이다. 따라서 '한국 근대 학술사'는 한국학의 복수성複數性 혹은 복수複數의 한국학'들'을 전제할 수밖에 없다. 설령 '한국의 자기 인식으로서의 한국학'을 다룰 때조차 다양한 한국학'들'과의 관계를 어떤 식으로든지 내포해야 한다.

'한국'(2)=안쪽의 한국'들': 논리적으로는 한국 내부를 향해서도 동일한 시각이 요구된다. 즉 자국학으로서의 한국학 또한 상호 이질적인 한국학'들'의 충돌과 결합의 복합체로 파악할 수 있다. 연구주체(개인·집단이나 방법·시각을 포함하는)를 규정하는 요소(시간·공간·성별·계층(급)·민족 등)의 이질성으로 인해 연구 대상 또한 이질적 대상'들'의 구성체일 수 있기 때문이다. 물론 이러한 복합성은 한국 바깥의 한국학과 비교하면 훨씬 근친성이 높다는 점을 부정할 이유는 없지만, 실제로 한국학=자국학 내부에는 '대상의 동일성'을 매개로 해서 한국 바깥의 한국학이 습합될 수 있고 그렇게 되어 왔다. 이 또한 한국학=자국학 내부에 복수성複數性을 구성한다고 볼 수 있다.

실제적으로는 이렇듯 연구과제의 광대함으로 인해 아직 기초적인 밑그림 작성과 초보적인 탐색 수준을 크게 벗어나지는 못하였다. 그렇지만, 근대 초기 서구인들의 한국 인식이나 식민지 시기 조선총독부 중심의 조선연구, 경성제국대학의 아카데미즘과 민간 학술, 분단 이후 북쪽의 '조선학', 냉전 시기 일본과 미국의 한국학(조선학), 연변 지역의 조선학, 중앙아시아의 한국학 등의 영역을 아우르는 포괄적 시야를 갖추려 줄곧 애써왔다. 이렇듯 시야의 포괄성이나 거시적 문제의식은 그것대로 가꾸는 한편으로, 개별적 지역이나 주제에 초점을 맞추고 구체적인 연구 성과를 차근차근 쌓아가는 중이다. 올해 2012년 상반기부터 일련의 저술의 형식으로 학계에 본격적으로 보고해 나갈 계획이다.

동아시아한국학 연구노트 2(2012.06)

≡김종준(인하대학교 한국학연구소 HK연구교수)

　본 연구자는 지난 수개월간 HK연구사업 아젠다에 맞추어 식민사학에 관한 연구를 진행하였다. 현 시점에서 지난 연구과정을 되돌아보고 향후 방향을 모색하면서 다음 두 가지 사항을 제시해 보고자 한다. 첫째, 식민사학에 관련된 기본적인 사실관계를 데이터베이스화할 필요가 있다는 점이다. 예를 들어 관련 인물, 연구논저, 연보, 후대 참고문헌 등의 정보를 모으는 작업이 필요하다. 이는 물론 한두 연구자의 노력만으로 성과를 거두기는 어려우며, 특히 다양한 분야의 연구자들이 참여함으로써 식민사학뿐만 아니라 식민지기 학술사 전반에 관한 데이터베이스가 구축될 수 있을 것이다.

둘째, 단순한 데이터베이스 구축에 머물지 말고 그에 기반하여 학계의 공감을 얻을 수 있는 연구주제를 산출해야 한다는 점이다. 이와 관련하여 본 연구자가 관심을 갖게 된 것 중 하나가 식민사학의 아카데미즘을 어떻게 볼 것이냐의 문제이다. 이미 1960년대 김용섭 교수로부터 해서 식민사학의 관학아카데미즘적 성격, 즉 근대적 실증과 민족 주체성 간의 상관관계에 대한 고민이 있어 왔다. 본 연구자도 몇몇 식민사학의 서술들에서 그와 관련된 부분들을 발견하였다. 그러나 정작 이 문제를 본격적으로 다룬 연구는 전무해 보인다. 이를 해결하기 위해서는 방대한 식민사학과 민족사학, 근대 동아시아 역사학의 자료들을 두루 섭렵해야 하며, 학계뿐만 아니라 대중들에게도 설득력을 가질 수 있는 논리의 창안이 반드시 필요하다. 이에 관심을 가진 다른 연구자들과의 공동연구도 기대하고 있다.

동아시아한국학 연구노트 3(2012.09)

=윤상수(인하대학교 한국학연구소 HK연구교수)

필자는 지난여름 두 편의 논문, 「『明儒學案』의 陽明學觀
재고」(『동양철학』 제37집, 2012.7.)와 「청대 고증학의 개조 황
종희—科擧之學 비판과 經學 제창을 중심으로—」(『양명학』
제32호, 2012.8)를 발표하였다. 아래에서는 간단히 그 내용을
설명하여 필자의 연구에 대한 소개를 대신하고자 한다.

먼저 「『明儒學案』의 陽明學觀 재고」는 종래의 명대철학
사 연구에 기본적인 틀을 제공하여왔던 황종희『명유학안』
의 명대유학사관에 대해 재검토를 시도한 논문이다. 이 책
에서 황종희는 양명학을 명대 유학의 정통으로 자리매김하
고, 양명학의 형성과 발전을 중심으로 명대철학사를 서술

하고 있다. 이러한 『명유학안』의 관점은 종래의 연구에서 "부동의 정론"으로 받아들여져 왔다고 말할 수 있다.

하지만 『명유학안』 쓰여지고 있던 청초, 이러한 황종희의 관점이 오늘날과 같이 정론으로 받아들여진 것은 아니었다. 당시에는 주자학 부흥의 사조 속에서 양명학 비판의 풍조가 유행하고 있었으며, 양명학의 적통을 자임하던 황종희도 이러한 비판에서 예외는 아니었다. 이 논문에서는 『명유학안』에는 청초의 양명학 비판의 풍조를 반박하려는 황종희의 문제의식이 반영되어 있으며, 양명학을 정통으로 보는 명대철학사관은 당시의 양명학 비판의 풍조를 비판하고 극복하는 과정 속에서 형성되고 발전되었음을 논하였다.

다음으로 「청대 고증학의 개조 황종희」는 청대의 경학 부흥에서 황종희가 수행한 역할에 관해 살펴본 논문이다. 이 논문에서는 명대에 유행한 수험용 참고서인 講章의 역사와 과거를 위한 학문[科擧之學]의 경학관이 어떻게 경학을 황폐화시켰는가를 검토하고, 이를 시정하기 위한 황종희의 노력을 그의 강학 활동을 중심으로 살펴보았다. 이를 통해 황종희가 청대 경학의 부흥에 선구적인 역할을 수행하였음을 논하였다.

동아시아한국학 연구노트 4(2012.12)

═장세진(인하대학교 한국학연구소 HK연구교수)

　11월 초, 그동안 작업해왔던 결과가 두 권의 책으로 세상에 나왔다. 진작 나와야 했던 책들인데, 이런저런 일상의 흐름에 우선순위가 밀리다 이제야 나온 셈이다. 하나는 박사논문을 이후 조금 손질한 책이고(『상상된 아메리카』, 푸른역사) 다른 하나는 전후 한국의 지식인들이 아시아 지역을 여행하고 남긴 기행문을 분석한 『슬픈 아시아』(푸른역사)라는 제목의 책이다.

　두 권의 책은 각각 아메리카와 아시아라는 제목을 달고 있기는 하지만, 실은 한국의 집단적인 냉전문화가 어떻게 만들어졌는가를 살펴본다는 동일한 주제 아래 묶일 수 있는 일종의 자매편 격이다. 실제로 두 책은 모두 1945년 8월 이후라는 역사적 시계時計에서 출발한다는 공통점을 갖고 있다. 한반도에서 식민지인으로 오랜 세월을 살아야 했던 구체적 개개인들의 삶이 이른바 해방 이후에는 어떤 변화를 겪게 되었을까. 전환기의 드라마틱한 풍경들은 언제나 흥미롭다.

그 중에서도 내가 이 책들을 통해 가장 전면에 배치한 장면은 제국 일본이 물러나고 미국이 한반도에 깊숙이 개입하게 되면서부터 변화한 지식인들의 내면 풍경이었다. 식민지 조선의 지식인들이 제국 일본이라는 모델에 저항하거나 타협하면서 만들어왔던 국가나 민족(nation)이라는 개념은 이제 미국과의 만남 속에서 어떤 차이와 지속을 경험하게 될까. 물론 미국이 한반도의 현실 정치 맥락 속에 상수항으로 등장하면서 맞이한 제도 차원의 변화에 관해서는 연구 성과가 상당히 축적되어왔지만, 나는 이 책에서 식민 이후의 변화 가운데서도 특히 지식인들의 인식과 생각을 담아내는 개념들의 변화에 주목했다. 그런 점에서 보자면, 이 두 책 모두는 넓은 의미에서의 개념사적인 접근을 취하고 있다. 여러 개념들 중에서도 내가 전략적으로 주목했던 지점은 '서양/미국'이라는 개념, 그리고 이 개념과 일종의 대칭 구조를 이룬다고 판단한 '동양/아시아'라는 개념이었다. 두 개념군이 독자적이고 고립된 것이 아니라 연동된 하나의 구조라는 것, 그리고 이 개념-구조가 식민지 시기를 거쳐 해방 이후 어떻게 변화했는지 그 역사적 운동의 궤적을 밝히겠다는 것이 두 권의 책 모두를 관통하는 일관된 기획이다.

동아시아한국학 연구노트 5(2013.03)

≡이화진(인하대학교 한국학연구소 HK연구교수)

최근 나는 동아시아에서 할리우드의 문화적 헤게모니를 축출하고 '영화 제국'의 패권을 차지하고자 했던 제국 일본의 기획이 식민지 조선의 영화 문화와 담론, 제도 등에서 어떻게 굴절되었는지를 고찰하는 작업을 진행하고 있다. 구체적으로는 사운드 전환 이후 할리우드 이외의 지역에서 '자국(어) 영화와 문화의 보호'라는 명분으로 옹호되었던 '안티-할리우드' 담론의 맥락에서, 식민지 조선에서의 미국영화에 대한 상영 통제의 배경과 추이, 그 효과 등을 검토하고 있다.

식민지 조선에서 미국영화 통제 담론은 식민본국 일본의

'반서구' 담론의 영향을 받았는데, 실제적으로는 식민본국보다 한층 복잡한 측면이 있었다. 할리우드 영화에 대한 식민지 조선인들의 애착이 매우 강력했던 데다가, 극장의 민족적 분리가 '서양영화 상설관(조선인 상설관)'과 '일본영화 상설관(일본인 상설관)'이라는 상영 프로그램의 구분으로 공고화되었던 영화 문화의 지형이 중요한 변수로 작용했기 때문이다.

나는 제국 일본의 식민지이자 '내지內地'와 구분되는 '외지外地'로서 조선이 갖는 또 다른 의미의 '국경'을 제국이 어떠한 방식으로 전용하였는지의 문제를 당대의 '안티-할리우드' 담론과 연결시키면서, '제작 국가 일본'이 식민지 조선을 그 소비 시장으로 포획하기 위하여 할리우드와 어떻게 경합하였는지를 다층적으로 살피고자 한다. 그리하여 근대 동아시아에서 '영화의 국경'이 의미하는 바를 새삼 질문할 수 있는 자리를 마련할 수 있기를 기대한다.

동아시아한국학 연구노트 6(2013.06)

≡박준형(인하대학교 한국학연구소 HK연구교수)

지금까지 나는 대항해시대 이후 장기 근대의 역사를 전 지구적 규모의 공간 구획 및 재편 과정으로 보고, 이와 같은 관점에서 19세기 동아시아의 질서 변용을 주로 조약체제하의 공간구조를 중심으로 고찰해 왔다.

최근에 발표한 「'잡거'의 역사, 한국화교와 이웃하기」(『東方學志』 161집, 2013.3)는 '혼성적 역사 구성체로서의 '한국': 글로벌 질서와 한반도'라는 기획특집 취지에 맞추어 연구 대상 시기를 현대까지 확대하여 자신의 연구를 새롭게 총괄 정리한 논문이다. 이를 가지고 그 간의 문제의식을 간단히 소개해 보자면, 이 글에서는 우선 우리의 망각된 '잡거'

역사의 복원을 목표로 '잡거'가 이루어지는 공간, 특히 그 공간을 구획하는 경계의 역사성에 주목하였다. 한반도에서 공간을 규정하였던 경계들의 변천, 즉 개항기의 '조계'와 '내지' 사이의 경계로부터 식민지기의 '내지'와 '외지' 사이의 경계를 거쳐 해방 후 국민국가들의 경계에 이르는 과정에 대한 고찰은 각 시기별 '잡거' 공간의 성격을 묻는 작업이기도 하였다. 이러한 작업을 통해 최종적으로는 지금까지 '잡거'해 온 이웃의 진상을 밝히고, 또 그로부터 '잡거' 대상이 적이 아닌 이웃으로서 상호 대면할 수 있는 실마리를 발견하고자 하였다.

최근에는 다시 본업인 개항기 연구로 돌아가 평양을 각국 간 교역의 장으로 개방한 평양개시 과정에 대한 논문을 준비하고 있다. 19세기 후반 조선이 각국과 체결한 통상조약은 한반도라는 육지상의 공간을 '조계', '조계 밖 10리 이내', '내지'로 구획하고 있었으나, 바다상의 공간에 대한 규정은 없었다. 평양개시론은 바다와 육지의 경계, 보다 정확히는 바다와 '내지' 사이의 경계를 둘러싼 이해관계의 충돌에 기원하는 것이었다. 이 점에서 평양개시는 새로운 공간 창출을 통한 이해관계의 조정이었다고 할 수 있는데, 나는 이를 식민지적 공간의 기원과 전파라는 관점으로부터 접근해 볼 것이다.

'법은 모두 올바른 장소에서만 법'일 수 있다는 말이 있다. 법질서의 정의는 보편적이어야 하나, 실제로는 항상 일정한 범주 안에 갇혀 있다. 공간과 그를 구획하는 경계에 대한 관심은 결국 경계를 초월한 듯한 보편주의 속에 꿈틀거리는 차별의 욕구, 그리고 경계를 공고히 하려는 특수주의의 타자에 대한 배제 욕구를 드러내기 위한 하나의 기획이다.

동아시아한국학 연구노트 7(2013.09)

≡고자연(인하대학교 한국학연구소 연구원)

지난여름(2013년 8월 1-3일) 일본 리츠메이칸 대학 코리아 연구센터(RiCKS)가 주최한 제8회 RiCKS 차세대연구자포럼 '한국전쟁 정전(으로부터) 60년에서 본 동아시아'에 참석했다. '한국'과 '(북)조선'을 연구하는 한·중·일 젊은 연구자들의 발표로 진행된 이번 포럼은 기대 이상의 배움의 시간이었고, 중요한 네트워크가 시작되는 귀한 자리였다. 본 포럼에서 내가 발표했던 글의 제목은 '전후 동아시아 지식인들의 소련체험기를 통해 살펴본 소련 인식'이다.

사실 처음 계획은 중국의 대표작가 곽말약의『蘇聯紀行』, 한국의 대표작가 이태준의『蘇聯紀行』, 한설야의『(레뽀르따

쥬)쏘련旅行紀』를 비교 고찰하는 것이었는데, 포럼에 참석하면서 이 연구를 위해서는 곽말약의 『소련기행』에 대한 면밀한 연구가 선행될 필요가 있다는 생각이 들었다. 그리고 이 텍스트를 토대로 하여 두 가지의 방향으로 소논문을 진행해볼 계획이다.

한 가지는 곽말약의 『蘇聯紀行』이라는 텍스트 자체 연구이다. 곽말약은 중국의 1대 사회주의자이자 대표작가로 그에 대한 연구는 국내외를 불문하고 상당한 수준이다. 그런데 이상하게도 『蘇聯紀行』이라는 텍스트에 대한 연구는 거의 찾아보기 어려운 상황이며, 이것은 중국에서의 상황도 비슷하다고 한다. 하지만 이 텍스트는 자체적으로 가진 여러 가지 요소만으로도 충분히 흥미롭다고 할 수 있는데, 그 중에서도 '소련 방문 시기'와 '이동경로'를 그 대표적인 요소로 꼽을 수 있다. 곽말약이 소련을 방문한 시기는 1945년 6월부터 8월까지로 그는 모스크바에서 종전 소식을 들었다. 또한 그가 중국에서 소련 즉, '모스크바'까지 이동한 경로는 한국 또는 (북)조선의 지식인들이 남긴 소련기행의 경로와 완전히 다르다. 이는 지리적·정치적 상황으로 봤을 때 당연하다 할 수 있겠지만, 기행문에서 이동경로는 여행자의 견문이 달라지는 결정적인 요소이기 때문에 매우 중요하다.

다른 한 가지는 곽말약의 『蘇聯紀行』이 한국에 번역·출판되었을 당시 한국의 문단상황에 대한 연구이다. 이 텍스트가 출판된 것은 1949년으로 이미 남북의 정부가 따로 세워진 시기이기도 했고, 또한 남한의 중심 작가였던 이태준이 월북하면서 그의 『蘇聯紀行』이 금서가 된 이후이기도 했다. 反소련적인 분위기가 한창 팽배하던 시기에 중국 사회주의자의 소련체험기가 번역·출판되었다는 사실이 의문스러운 만큼 흥미로웠다. 그래서 당시 한국의 문단상황에서 이 텍스트를 살펴보고자 하는 계획을 가지고 있다.

이 연구들은 향후 (북)조선의 소련기행들과의 비교연구를 첫 번째 작업이라고 할 수 있다. 좀 더 욕심을 내자면 최종적인 목표로 잡고 있는 '분단 이후 주체사상수립 전까지 (북)조선 지식인들의 기행문에 대해 연구'를 위한 초석이 되기를 소망한다.

동아시아한국학 연구노트 8(2013.12)

≡이영미(인하대학교 한국학연구소 연구원)

나는 19세기 말에서 20세기 초 조선과 이런저런 관계를 맺은 서양인들에 관심을 두고 있다. 현재 작성 중인 학위 논문은 인물 연구이고, 그 대상은 『은둔의 나라 한국(Corea, The Hermit Nation)』(1882)의 저자인 미국인 윌리엄 엘리엇 그리피스(William Elliot Griffis, 1843-1928)이다.

그리피스는 동시대에 한반도를 찾은 다수의 구미 외교관, 선교사 및 여행객들과 달리, 직접적 조선 체험이 매우 빈약한 사람이었다. 조선에 대한 그의 첫 인상은 1871~1874년 일본에 머무르는 동안 만들어진 것이었고, 『은둔의 나라 한국』은 서양 및 일본 자료에 의존한 책이었으며, 조선 방문도

말년에 일본을 여행한 후 며칠 들른 것이 전부였다. 게다가 그는 욱일장旭日章을 2회나 받은 친일 인사이기도 했다. 그에 대한 국내 연구 성과가 『은둔의 나라 한국』의 분석에 한정된 것은 바로 이와 같은 배경 때문이었다.

그러나 한반도 밖으로 시야를 넓혀 보면, 그는 일찍이 1870년대 말부터 한국에 대한 글을 기고하였고, 조미수호통상조약의 체결에 발맞춰 『은둔의 나라 한국』을 발표하였으며, 한반도에서 일어나는 크고 작은 사건들을 서구 세계에 시시각각 전달한 미국 최초의, 최고의 한국 전문가였다. 조선에서 활동하던 외국인들은 그를 '한국의 친구'로 불렀고, 미국에 근거지를 둔 조선의 독립운동가들은 그의 격려와 원조를 희망하였다. 한국에 대한 한, 그는 그만큼 영향력 있는 인물이었다.

인물 연구는 그 자체로도 중요하지만 좀 더 의미를 부여하자면, 조선 밖에서 조선과 관련하여 일어난 일들에 대한 검토는 한국근대사의 큰 그림을 보는 데 도움이 될 것이다. 또한 연구 대상이 미국인 오리엔탈리스트이므로, 서양을 이해하는 방법론으로서도 유효하리라고 생각한다. 지면으로나마 선학들의 지도와 조언을 부탁드린다.

동아시아한국학 연구노트 9(2014.03)

≡임지현(인하대학교 한국학연구소 연구원)

　　나는 국어가 어떠한 통시적인 변화를 거쳐 현대의 국어에 오게 되었는지에 관심이 있다. 특히 내가 관심을 두는 것은 15세기의 국어의 형태이다. 15세기는 훈민정음 창제와 더불어 최초의 한글 자료가 발견되는 시기이며, 그 시대의 문헌들을 살펴보면 현대국어에서 나타나는 특이한 현상에 대해 그 이유와 변화과정을 찾을 수 있다.

　　요즘에는 현대국어의 '있다'로 이어지는 중세국어 '잇다/이시다'를 살펴보는 중이다. 현대국어의 '있다'는 동사로 알려져 있지만 그 활용양상을 보면 동사·형용사의 활용이 함께 나타나고 있어 많은 논란이 되었다. 이러한 예는 '있다'

이외에도 '없다'가 있는데, 이들에게 따로 품사를 설정하여 '존재사存在詞'로 부르는 등 여러 시도가 있었다. 현재에는 '있다'를 동사 '있다'와 형용사 '있다'로 구분하여 보는 것이 일반적이다.

한편 중세국어의 '잇다/이시다'는 오로지 동사로만 활용을 한다고 알려져 왔다. 다만 동일한 단어가 뒤에 오는 어미에 따라 모음이 결합되면 '이시다'가, 자음이 결합되면 '잇다'가 온다고 설명되었다(이시며, 이시니/ 잇고, 잇ᄂ니). 그래서 중세국어의 동사였던 '있다'에서 어떠한 이유에서 분화되어 현대국어의 동사, 형용사의 '있다'가 되었는지는 항상 설명하기 어려운 난제였다.

그런데 '잇다/이시다'가 과연 동사였는지는 좀 더 살펴볼 문제라는 생각이 든다. 문헌을 살펴보면 '잇다'와 '이시다'의 활용 양상에서 어떠한 경향성이 보이는 듯하다. 즉 '잇다'는 동사의 활용을, '이시다'는 형용사의 활용 양상이 나타난다는 것이다. 이에 따라 중세국어의 '잇다/이시다'는 동사 '잇다', 형용사 '이시다'가 있었고 이것이 현대국어의 동사 '있다'와 형용사 '있다'로 이어졌다는 가설을 세우게 된다. 하지만 이들에서 동사, 형용사의 의미가 뚜렷하게 분화되지 않는다는 점, 모음, 자음과 결합할 때 동사·형용사의 활용과 별개로 '잇다/이시다'가 선택된다는 점은 해결하지 못한 실정이다. 이에 대한 지속적인 연구가 필요할 것으로 보인다. 지면으로나마 선학들의 지도와 조언을 부탁드린다.

동아시아한국학 연구노트 10(2014.06)

≡이사유(인하대학교 한국학연구소 연구원)

　　1920년대 한국과 중국의 동인지문단에 관심을 두고 있는
필자는 『창조』를 읽다가 김환金煥이란 동인을 주목하기 시
작하였다.

　　『창조』는 1919년 2월 1일 창간되며, 그 당시 일본 유학생
이었던 김동인, 주요한, 전영택, 김환과 최승만이 함께 만든
최초의 순문예 동인지로 한국 근대문학의 본격적 형성을
예시하였다. 지금까지 『창조』는 주요한 멤버를 중심으로
연구되어 왔고, 김동인, 주요한, 전영택의 작가연구는 많은
성과를 이룩하였으나, 대표 작가가 아니지만 『창조』의 초
창기 멤버이자 실무자로 끝까지 『창조』를 뒤받치는 김환에

대한 연구가 제대로 되지 못하고 있다.『창조』를 한 매체로 보고 그의 생산 과정을 주목할 경우에는 김환은 결코 간과할 수 없는 인물이다. 필자는 김환에 대한 고찰을 통하여 『창조』를 둘러싼 동인들, 그들 사이의 관계와『창조』를 발간하기 위한 협력과 갈등을 분석하고, 문학작품보다 그 바깥에 있는 사소하고 잡다한 사건의 조각들을 모아 보다 온전한『창조』의 모습을 보여줄 수 있기를 희망한다.

실증적 고찰을 통하여 확인한 바는 김환은 1893년 2월 26일 출생, 본적은 평안남도 진남포 억량기리億兩機里다. 그의 생애를 자세히 알 수 없으나 1916년부터 1918년까지 그가 오산학교의 시무로 평안북도 정주에 있었다는 사실을 확인할 수 있다. 1918년 4월 21일 그는 오산학교를 떠나고 바로 일본에 건너갔다. 일본 동경 어떤 사립미술학교에 학적을 둔 그는 사실상 아오야마 학원[靑山學院] 근처에 하숙집을 잡고 그 지역을 중심으로 활동하였다. 김환은 전영택뿐만 아니라, 그 주변의 조선인 학생, 특히 아오야마 학원의 유학생들과 가까이 지내며, 비교적으로 짧은 유학 시기에도 불구하고, 많은 사람들과 교우함으로써 자신의 문화적 인맥을 형성한 것이다. 이 인맥은 3·1운동 이후 주요 동인들이 모두 흩어진 상황에서 발행 및 편집의 이중적 책임을 지게 된 김환에게 큰 도움이 되었다. 특히 이일과 오천석 같은 친구를 『창조』의 동인으로 끌어넣고 『창조』의 발전에 간과할 수 없는 영향을 미쳤다. 김동인의 술회에 의하면 『창조』의 폐간은 결국 김환의 탓이다. 『창조』가 폐간된 이후 김환은 문단을 떠나 1925년에 흥사단의 단원으로 북경에 파견되었다는 것을 확인할 수 있다.

김환을 좋게 보든지 죄인으로 평가하든지 간에 그가 『창조』의 완전한 모습을 파악하기에는 간과할 수 없는 인물이다. 『창조』는 결코 김동인·주요한·전영택의 작품만으로 만들어진 것이 아니라, 실무자 김환이 없었다면, 그 시대 대다수의 동인지와 마찬가지로 『창조』도 단명의 운명을 면할 수 없었을 것이다. 그리고 김환의 생애와 문학작품을 통하여 3·1운동 전후 새로이 등장한 지식인에게 문학, 민족과 계급의 의미를 다시 생각할 수 있다.

동아시아한국학 연구노트 11(2014.09)

≡한재연(인하대학교 한국학연구소 연구원)

    나는 '희극적인 것'을 연구하고 있다. 희극이 아니라 '희극적인 것'이다. 희극적인 것은 희극은 물론이고 비극에도, 멜로드라마에도 들어있다. 남대문 시장에서 여장을 하고 속옷을 파는 중년 남자의 호객 소리에도, 청와대 대변인의 긴급 현황 브리핑에도, 심지어 일베가 광화문에서 벌이는 폭식 퍼포먼스에도 있다. 나는 이 희극적인 것이 수행하는 정치에 관심이 있다.

    나의 가설은 다음과 같다. 한 사회에 통용되는 희극적인 것들의 목록을 살펴보면 그 사회의 웃음이 건강한지 아니면 병들었는지 알 수 있다. 병든 웃음이 널리 공유되는 시대는, 이성복이 어느 시편에서 노래한 것처럼 모두 병들었는데 아무도 아파하지 않는 한 고비에 처해 있을 가능성이 매우 높다.

병든 웃음은 진짜 희극적인 것을 만남으로써 치유될 수 있다. 그럼 진짜 희극적인 것이란 무엇인가? 가라타니 고진이 '유머로서의 유물론'에서 말했던 바로 그 유머야말로 희극적인 것의 정수요, 진짜 희극적인 것이라 할 만하다. 주체화와 타자화를 동시에 수행하는 유머는 위트, 풍자, 해학의 골계를 가뿐히 뛰어넘는다. 또한 밀란 쿤데라가 명석하게 언급했듯이 진정한 유머는 웃는 것과도, 웃기는 것과도 그다지 큰 상관관계가 없다. 유머는 하나의 사물이나 현상을 동시에 두 가지 이상의 관점으로 조망하는 능력을 필요로 한다. 일찌감치 프로이트는 유머의 이러한 본질을 꿰뚫어 봤고 유머를 포착하는 것을 소수의 사람만이 갖는 능력이라 했다.

아리스토텔레스는 비극의 본질을 파악하기 위해 〈오이디푸스 왕〉을 깊이 살폈다. 베르크손과 프로프는 희극적인 것을 탐구하기 위해 각각 몰리에르와 고골을 집중 분석했다. 이와 마찬가지로 나는 희극적인 것이 수행하는 정치를 논하기 위해 〈하이킥〉 3부작을 텍스트로 선택했다. 총 416편에 달하는 이 시트콤에 내장된 다양한 희극적인 것들, 특

히 유머를 면밀히 검토함으로써 나는 어째서 희극적인 것
은 곧 정치적일 수밖에 없는가를 증명하고자 한다.

동아시아한국학 연구노트 12(2014.12)

≡유창호(인하대학교 한국학연구소 연구원)

요즘 나의 관심을 끄는 주요 대상은 150여 개에 달하는 인천의 섬들이다. 좀 더 범위를 넓히자면 북쪽의 황해도 장산곶부터 남쪽의 충청도 안흥량까지 이르는 경기만의 모든 섬들을 포괄할 수 있을 것이다. 이들 섬들은 고대로부터 한반도와 중국대륙, 그리고 일본열도를 잇는 3개 항로(북부 연안항로, 중부 횡단항로, 남부 사단항로)의 주요 기항지의 역할을 하여왔다.

섬을 징검다리 삼아 대륙과 해양의 문화가 상호 침투함에 따라 인천의 각 섬들은 저마다 '섬 문화'라는 독특한 문화를 창출해 내었다. 고려 충렬왕대 안향安珦이 보낸 공자의 초상과 제기祭器, 그리고 주자학의 경서류經書類가 처음으로 도착한 곳이라고 하여 우리나라 향교鄕校의 수위首位를 자처하는 교동도喬桐島는 지금도 굳건한 유교문화를 뿌리내리고 있고, 백령도와 연평도, 영흥도 등지에는 왜구倭寇와 해랑적海浪賊, 그리고 황당선荒唐船 및 이양선異樣船이 수시로 출몰하여 국제적 긴장관계를 높이기도 하였다. 또한 고려 말 원元 황실의 유배지였던 대청도는 비교적 최근까지 원의 마지막 황제인 순제順帝를 섬의 수호신으로 제향하기도 하였다.

이쯤 되면 더 이상 인천의 섬들을 기존의 일국사적인 관점으로만 바라볼 수는 없을 것이다. 동아시아적인 관점에서 섬과 바다를 바라보는 새로운 공간이 창출되어야만 한다. 이러한 공간이란 경계가 없는 바다를 자유로이 누비며, 때로는 금지된 외부문화마저 손쉽게 흡수하여 문화적 완충지대를 이루는 '변경邊境'이 아닐까? 일찍이 프랑스의 역사학자 루시앙 페브르(Lucien Febvre)는 이러한 변경을 '프론티어(frontière)'로 명명하였다. 즉 '프론티어'란 한 정치체의 중심에 일방적으로 종속되는 공간이 아니라 자신을 둘러싼 지역단위들과의 상호작용을 통해 주체적 공간을 확보하고 이를 확장하는 공간인 것이다. 따라서 바다를 통해 일정부분 내지內地와 격리된 인천의 섬들은 꾸준한 외부와의 접촉을 통해 다양한 그들만의 '섬 문화'를 창출해 낼 수 있었다.

그러나 오랫동안 중앙정부 혹은 내지의 사람들은 섬이 지니고 있는 '프론티어' 공간을 인정하지 않은 듯하다. 그들의 주된 관심사는 오로지 섬에서 나는 특산물과 어업자원의 수취, 그리고 섬을 통해 외부의 침입을 막는 국방의 중요성에 있었다. 과거 조선시대에 백령도, 대청도, 장봉도, 영흥도 등에 잇달아 수군진水軍鎭을 설치한 이유가 그것이며, 한국전쟁 이후 설정된 NLL을 국토방위의 최전선으로 인식하고 있는 현재 또한 마찬가지다. 문화와 미개, 중심과 비중심, 중앙과 주변, 주체와 종속이라는 이항대립적인 관념은 종종 양자 간의 깊은 대립으로 표출되기도 한다.

그렇다면 인천의 섬과 바다를 '프론티어' 공간으로 설정하고, '섬 문화'의 다양성을 밝히는 연구는 어떻게 진행되어야 할까? 지금까지 인천의 섬과 바다에 대한 연구는 주로 전쟁사나 해양방어체제, 어업법과 같은 제도사 연구, 그리고 어업 관습이나 민속신앙과 같은 민속학 연구가 주를 이루었다. 앞으로는 섬 이주민이나 수적水賊 문제, 섬과 포구 간의 네트워크, 표류민 연구 등 지역과 지역을 잇는 사람과 물류의 이동을 면밀히 연구해야 할 것이다. 이를 통해 인천의 섬들이 갖고 있는 문화적 다양성과 특수성을 파악할 수 있을 것이며, 아울러 발해만을 포함하는 황해 연안권과의 비교가 가능해지리라 본다. 문제는 자료에 있다. 읍지邑誌류나 연대기 등 기본 사료 외에도 각 입도민의 족보나 수군진의 공문서, 공초供草 문서, 기행문, 외교 문서 등을 다각도로 검토할 필요가 있다.

동아시아한국학 연구노트 13(2015.03)

≡이동매(인하대학교 한국학연구소 연구원)

나는 요즘 아나키즘 사상에 대해 관심을 가지고 있다. 아나키즘은 하나의 사상으로서 한국에서도 연구되어 있다. 그간 문학 영역에서 아나키즘에 대한 연구는 신채호에 집중되어 있었는데, 근래에 이르러서는 염상섭의 아나키즘 경향에 대해서도 연구가 이루어지고 있는 추세다. 나는 아나키즘의 한국적 수용에 관한 기존 연구들과 관점을 조금 달리하여 이광수에 주목하고자 하였다.

이광수는 2차례에 걸쳐 일본 유학을 한 바 있다. 1차 일본 유학은 1905~1910년 사이에 행해졌는데 이 시기 일본에서는 아나키스트들이 아나키즘 사상을 활발하게 선전하고 있었다. 한편 바쿠닌이 죽은 후 크로포트킨이 아나키즘 사상의 대표인물로 부상하는데, 그는 1902년 간행한 『상호부조론』이라는 책에서 생물진화에 있어서 생존경쟁이 아니라 상호부조가 더 중요한 역할하다고 주장하였다. 『상호부조론』은 1905년경부터 일본에서 소개되기 시작하고 1908년에 야마키와 히토시[山川均]에 의해 번역되어 『동물계의 도덕』이라는 제목으로 절역본으로 출간되었다. 그에 의하면 인간에게 가장 좋은 생활방식은 억압적인 국가가 아니라 상호부조에 기초한 촌락공동체이다.

1914년에 이광수는 『모범촌』이라는 글을 발표하는데, 이 글에서 그는 유토피아적 이상촌의 건설을 시도한다. 흥미로운 것은 이 마을에 학교, 병원, 양로원 등 공공적 시설은 갖추어져 있으나 경찰과 사법기관이 존재하지 않는다는 점이다. 즉 이광수의 이상촌은 억압적 제도가 없는 공동체다. 이는 크로포트킨이 제기한 촌락공동체와 같은 것으로 보인다.

이 둘을 연결하는 실마리는 1921년 이광수의 글에서 찾을 수 있다. 그는 『소년에게』에서 단체의 중요성을 주지시키면서 단체의 결성이야말로 생존경쟁의 세계에서 살아남을 수 있는 방법이라고 주장한다. 그리고 이는 크로포트킨의 『상호부조론』에 근거한 것이라고 명시하고 있다. 다음 해에 발표한 그의 문제작 『민족개조론』에서도 그 저변에

크로포트킨의『상호부조론』의 그림자가 일렁인다.『민족개
조론』에서 그의 목표는 "생존경쟁의 세계를 상호부조의 세
계로"개조하는 것이기 때문이다. 또한 1922년에 이광수는
『예술과 인생』이라는 글을 발표하는데 이 글에서 그는 인
생을 행복하게 만드는 수단으로 예술화와 도덕화를 열거한
다. 그리고 그 근거는 크로포트킨의 주장이라고 명시하고
있다.『개벽』에 발표될 당시에는『인생관 예술』에서 3번이
나 등장한 크로포트킨의 이름이 이광수전집을 펴낼 때 모
두 삭제되었는데, 이것이 그동안의 이광수 연구에 있어서
아나키즘적 측면이 소홀히 다루어진 원인이라고 생각된다.

동아시아한국학 연구노트 14(2015.06)

≡윤현정(인하대학교 한국학연구소 **HK연구교수**)

최근 나는 '다중 채널 네트워크(Multi Channel Network, 이하 MCN)'와 MCN 콘텐츠에 관심을 가지고 있다. MCN과 MCN 콘텐츠는 태생적으로 '지연된 경험'과 '동시적 경험'의 양가적 가능성을 동시에 지닌다. 이는 미디어 기술의 측면에서 'OTT서비스(Over The Top Service)'의 발전과 확대에 기인할 것이다. 그러나 보다 주목할 만한 것은 MCN 환경에서는 18세기 문학체계가 배타 분화되면서 나타난 콘텐츠를 둘러싼 전통적인 네 가지 기저 행위 역할, 생산자(작가)-매개자(출판업자)-수용자(독자)-가공자(평론가)가 동시적이며 혼재된 모습으로 포착된다는 것이다. 게임 플레이 중계나 게임 리뷰 등을 중심으로 하는 MCN 콘텐츠들에서 이들 콘텐츠를 생산해내는 1인 크리에이터들은 그 이름 자체로 채널/플랫폼이며 동시에 플레이하는 게임의 이용자이자 평론가이기 때문이다.

즉, 지금까지의 콘텐츠 산업은 개별 콘텐츠에 따라 차별화된 생산, 유통, 소비의 구조를 유지해왔기 때문에 양적 연구를 통한 효과 측정이 유효했다. 그러나 기존과는 변별적인 미디어 양식과 콘텐츠가 생성, 유지, 발전되고 있는 MCN 환경에서는 실질 이용자의 구체적이고도 일상적인 미디어 이용 맥락 속에서 그 이용행태와 특징을 파악할 필요가 있다. 이는 아주 작고 사소한 움직임과 변화를 포착하고자 하는 탐색적 시도가 될 것이다.

이에 우선적으로 시선 추적(eye tracking)과 변형 로그 데이터 분석을 활용한 연구를 계획하고 있으며 이를 통해 MCN 환경과 MCN 콘텐츠가 일상적 미디어 이용 상황 속에 침윤되어 가는 과정을 살필 수 있으리라 기대한다. 또한 무엇을, 언제, 어떻게 보고 또 이용하였는지 그 생산과 소비의 커뮤니케이션 과정에 개입된 명료한 데이터의 확보는 기억에 의존한 자기 구술/서술을 통한 관찰과 연구자의 임의적인 기억과 판단에 의존한 기록이 가지는 한계 역시 보완해줄 수 있을 것이다.

동아시아한국학 연구노트 15(2015.09)

≡김현진(인하대학교 한국학연구소 연구교수)

19세기 말 정부는 전국내의 호수와 인구수를 정확히 파악·통제하려는 목적으로 1896년 9월「戶口調查規則」과「戶口調查細則」을 공포하였다. 그 결과 1896년 9월 이후부터 시작된 새로운 호적제도는 1909년 민적법이 실시되기 전까지 시행되었으며, 당시 새로운 호적은 다양한 지역과 시기별로 약 200여 책 이상 확인되고 있다.

현재 한국학연구소 근대호적연구실은 한국학중앙연구원에서 주관하는 국책사업에 선정되어 당시 새로운 호적에 대한 대규모 집적과 DB구축 그리고 이를 통한 학술적 공유를 목표로 하여 과제를 수행 중이다.

나는 해당 과제에 참여를 하면서, 다수의 지역과 시기별로 남아 있는 새로운 호적 중에서 한성부 호적에 관심을 갖게 되었다. 한성부 호적은 다른 지역에 비해서 단일 지역 내에서 가장 많은 호적자료가 남아 있고, 또한 다른 지역의 호적에 비해서 기재가 충실하다는 특징을 갖고 있다.

나의 한성부 호적 연구는 한성부 호적에 기재된 호별 개인 정보(연령, 직업, 가택, 가족 구성 등)를 바탕으로, 그 속에 나타나는 다양한 내용과 성격을 분석함으로써, 근대라는 시대적 상황과 도시라는 공간 그리고 그 속에서 나타난 경계와 삶의 집단적 특성을 살펴보는 데 목적이 있다.

첫째, 한성부라는 근대 도시 속에 나타난 지역공간의 경계이다. 지금까지 한성부 호적 연구는 대체로 한성부 여러 지역[坊]의 호적 자료를 통합하여, 그 평균적 수치를 한성부의 성격과 특성으로 이해하였다. 그런데 한성부는 건국 초부터 5部로 구분되었으며, 각 5개 지역은 그 지역적 역할과 특성이 다르게 나타났고, 1895년 5部가 5署로 행정 개편 되면서 그 지역적 성격은 그대로 이어졌다. 이에 한성부 연구는 전체의 평균 수치에 의한 연구가 아니라, 한성부 내의 지역적 구분에 의한 작은 단위의 연구가 선행되어야 하며, 각 지역별 연구에서 나타나는 다양한 특수성과 보편성을 총합하여 그것을 한성부의 諸성격으로 이해할 필요가 있다.

다시 말해서, 한성부라는 근대도시의 공간적 특성을 오로지 단일체로 보는 시각에서 벗어나 다양한 유기체적 관계 속에서 나타나는 공동체로 볼 필요가 있다.

둘째, 한성부의 지역적 경계에 따른 삶의 집단성이다. 한성부 호적에 나타나는 삶의 집단성은 계층 연구로 이해할 수 있다. 그런데 지금까지 한성부 호적의 계층 연구는 대부분 호주의 직업에 의한 연구로 한정적으로 나타나고 있다. 물론 호주의 직업 분석 연구는 한성부의 계층을 연구하는 데 있어서 가장 기본적인 출발점이라 할 수 있지만, 한성부의 계층 연구 범위와 성격을 확대시키기 위해선, 호주 직업에 의한 한정된 관점이 아니라 호주의 동거인(친속 및 기구·고용 등)에 나타나는 집단적 특성을 함께 살펴볼 필요가 있다.

이에 최근 3년 동안 나는 1897~1906년 한성부 호적을 가지고 근대[時]·도시[空]·계층[人]의 경계와 집단성 문제에 대해서 주목하여, 한성부 5서 지역 중에서 북서 거주민(「1906년 漢城府 北署의 居住民 樣相과 都市性格」, 2013)과 성외 지역민의 생활과 특성(「1900년대 근대도시의 주변과 거주민의 삶」, 2015), 한성부민의 거주지 이동에 의한 지역 재편성(1903년 漢城府民의 거주지 이동에 나타나는 근대 공간의 집중과 분화, 2014), 그리고 호주 동거인이었던 기구고용에 대한 시론적 연구

(19C말 仁川港 거주민 양상과 대민통치방식, 2014)와 한성부 호주의 아동 인식 및 특성(근대초기 도시가족과 兒童 인식의 패러다임, 2015) 등에 대해서 연구하였다.

나는 앞으로 한성부 호적 연구를 좀 더 심화시켜서, 호주의 직업에 신분적 성격이 강한 평민으로 자신을 대변했던 이들의 개인·사회적 정체성 문제, 남성지배이데올로기 관점에서 일시적이고 보편적이지 못한 존재로 이해되어온 여성 호주의 재평가, 養子와 동거친속인에 따른 근대 가족의 재구성과 성격 등에 대해서 연구 계획 중이다.

동아시아한국학 연구노트 16(2015.12)

≡박준형(인하대학교 한국학연구소 HK연구교수)

최근 한 종편 방송사에서 방영한 드라마 〈송곳〉은 가상
의 대형마트인 푸르미의 노동자들이 부당해고를 시도하는
회사 측에 대항하여 일자리를 지키기 위한 직접 행동에 나
서는 과정을 그렸다. 끝을 모르는 비정규직의 양산으로 정
규직이 어느새 특권 계층을 지칭하는 말이 된 한국 사회이
기에, 힘없는 노동자들의 목소리를 대변한 이 드라마의 울
림은 그 어느 때보다 컸으리라 생각된다.

연구노트에서 굳이 이 드라마 이야기를 꺼낸 것은 제3화
에 등장했던 한 장면 때문이다. 노동상담소 소장 구고신이
노동자들을 대상으로 외국 사례를 들어가며 노동자의 권리

에 대한 강의를 하고 있었다. 그런데 이때 푸르미 노동조합 조직에 앞장서고 있던 이수인 과장이 질문을 한다. 프랑스는 노동자 권리 수호에 우호적인 거 같은데 왜 프랑스 회사이고 점장도 프랑스인인 푸르미는 한국에서 노조를 탄압하냐고. 구고신의 답은 이러했다. "여기서는 그래도 되니까."

나의 연구는 한 마디로 말하자면 "여기서는 그래도 되"는 경계들의 역사적 계보를 추적하는 작업이라고 할 수 있다. '문명'의 전파를 사명으로 여기던 서양인들은 왜 아메리카에서, 아프리카에서, 그리고 또 아시아에서 '야만'적인 지배를 서슴지 않았던가. 그리고 그처럼 '문명'과 '야만'을 가르는 경계는 어디에 존재했던가.

1900년을 전후한 시기에 일본 내에서는 한국이민 붐이 일기 시작하였다. 그리고 그에 부합하는 한국 '내지'의 상이 창출되고 유통되었다. 당시 한국이 각국과 체결한 조약들에 따르면 본래 '내지'는 외국인들의 거주가 금지된 공간이었다. 외국인들은 개항장에 설치된 '조계'나 그로부터 10리까지 설치된 잡거구역에서만 거주할 수 있었다. 그러나 한국이민 붐 속에서 한국 '내지'는 일본인 손에 개척되어야할 '미개지'이자 '제2의 고향'이 될 수도 있음이 역설될 뿐이었다.

그런데 여기에서 흥미로운 점은 만사가 일본화되어 이미

'질서'가 잡힌 조계와 달리 내지에는 무한한 '자유'가 있다고 강조되었다는 사실이다. 이때 '자유'란 무엇을 의미했을까. 당시 재한일본인들의 입장을 대변하던 대표적 잡지인 『조선』에서는 식민지 개척을 실현하기 위해 "변칙적인 수단"까지도 활용 가능한 환경을 '자유'라 하였다. 이는 "상궤를 벗어나는 것", 곧 법이 통용되지 않는 예외적 상태에 대한 요구에 다름 아니었다.

다시 말해서 '조계'와 '내지' 사이에는 경계가 존재했고, '조계'의 경계는 문명이 야만으로 화하는 스타트 라인과 같았다고 말할 수 있다. 한국의 '내지'는 일본인들에게 있어서 구고신 소장이 말하던, "여기서는 그래도 되"는 세상으로 바뀌어 있던 것이다.

1914년 4월 조계는 철폐되고 새로운 지방행정체제로서 '부' 제도가 실시되었다. 한반도 땅 위에 더 이상 '자유로운' 땅은 존재하지 않았다. '내지'는 오직 일본 본토만을 가리켰고, 식민지 조선에는 '외지'로서의 새로운 질서가 구축되어 갔다. 그러나 '내지'와 '외지' 사이에, 그리고 '부'의 안쪽과 바깥 사이에는 또 다른 성격들의 경계들이 구획되었다. 앞으로는 이 경계들의 성격을 묻는 작업에 매진하고자 한다.

동아시아한국학 연구노트 17(2016.03)

≡강수환(인하대학교 한국학연구소 연구원)

'사이버스페이스'는 곧 '가상공간'으로 번역된다. 미디어 연구에서 사이버스페이스의 '공간성'은 자주 문제적으로 언급된다. 현대인들은 '사이버스페이스'를 실체적 '공간'의 이미지와 관계하여 그것을 인식하는 데 이미 익숙하다. 어쩌면 그 반대가 더 어려운 일일지도 모르겠다. 사이버스페이스의 규모, 인터페이스, 접근성 등을 논의하는 수사들로부터 평수, 인테리어 등과 같은 건축적 이미지를 추출해내는 건 어렵지 않은 일이다. 사이버스페이스 상의 물질화된 결과물들은 '접속'들을 통해 위상학적으로 배치관계에 놓이게 된다. 즉, 이론적으로 사이버스페이스가 물리학적 개

넘으로서의 공간과 전혀 무관한 것만은 아니다. 심지어 '소셜미디어'를 통해 사이버스페이스는 대안/대체적 사회적 장을 마련(하는 것처럼 보이기도)한다.

물론 사이버스페이스는 '실체'로서 실재하지 않는다. 그 누구도 사이버스페이스를 물질적으로 감각하거나 방문할 수 없다. 하지만 그럼에도 불구하고, 현대인들은 사이버'스페이스'의 공간적 메타포를 포기하지 않으며, 오히려 그 메타포에 적극적으로 기대어 그것을 이해/인식하고자 한다. 가령, 책에 기록된 각주에 따라 페이지와 책 사이를 이곳저곳 옮겨가는 독자가 있다고 가정해보자. 그는 결코 책을 공간으로 인식하지 않을 것이다. 하지만 우리가 동일한 방식으로, 하이퍼텍스트 기능을 활용하여 웹페이지 간 이동을 구가할 때는 이야기가 달라진다. 우리는 마치 특정 공간에서 다른 공간으로 이동한다는 느낌을 받는다. 그리고 웹페이지들의 연속이자 총체인 '월드와이드웹'의 이용자답게, 그 인식의 범위는 국경이나 시간을 초월한다.

왜 그럴까? 형식상 똑같은 행위를 하더라도 이용자가 책과 월드와이드웹으로부터 느끼는 감각은 철저하게 상이하다. 누군가는 사이버스페이스의 공간성을 관계주의(relationism)적 관점에서 설명하고자 했다. 이때 공간은 '실체'라기보다 물질 간의 상대적 위치/배치를 통해 구성되는 것이다. 사이버스페이스가 '실체적' 대상이 아닌, '속성적' 대상의 다발로 구성된 것이라는 주장이 그 대표적 예다(Novak). 실제로 여기에는 관계적 측면이 있다. 도서는 공간으로 인식되지 않지만 다른 도서로 이동하기 위해서는 도서관이라는 엄연한 공간이 요구된다. 편지 역시 공간이 아니지만 그것이 수신/발신되어 도달하기 위해서는 필연적으로 시공간적 매개-미디어를 거쳐야만 한다. 우리가 모니터로 볼 수 있는 건 개별적 웹페이지 또는 게시글에 불과하다. 하지만 우리는 그 웹페이지/글이 이곳/저곳에 가닿기까지의 매개를 선험적으로 떠올리게 되는 것이다.

이 지점에서 사이버스페이스의 '공간' 개념을 사유하기 위해 키틀러가 사용한 '태양'의 비유를 떠올리는 건 적절해 보인다. 키틀러에게 태양은 미디어다. "우리는 결코 태양을 똑바로 바라볼 수 없지만, 우리는 그것을 통해 다른 것을 바라볼 수 있다." 마치 우리가 사이버스페이스를 물리적으로 점유할 수는 없지만, 그것의 매개만이 우리를 다른 것들과 접속시켜주듯. 그렇다면 앞으로 사이버스페이스를 비롯한 웹 미디어 연구가, "사라지는 매개자"라는 개념에 천착했던 헤겔을 참조하는 것은 이상한 일이 아니겠다.

동아시아한국학 연구노트 18(2016.06)

≡윤현정(인하대학교 한국학연구소 HK연구교수)

　코드, 그 자체를 텍스트로 삼아 연구해보고 싶다고 생각한 단순한 이유는 컴퓨터의 언어를 통해 창조적 결과물을 만들어내는 프로그래머의 코드 짜기가 작가의 글쓰기와 꼭 닮아 있었기 때문이다. 마치 작가가 그러하듯이, 프로그래머는 언어를 배열하고 조합해서 새로운 프로그램을 생성하고 실행시킨다. 이러한 과정적 행위의 유사성은 그 결과물에도 적용되어 코드 역시 분석 가능한 텍스트가 될 수 있으리라 막연하게 생각한 것이다.

　가장 먼저 제기된 문제는 본디 코드가 알고리즘과 알고리즘을 실행시키는 지시로 구성된 일종의 명령문라는 것이었다. 코드 짜기는 컴퓨터가 이해하는 언어로 정보를 전달하여 의도한 실행을 가능토록 하는 것을 목적으로 한다. 때문에 공학적 관점에서 '코드를 짠다'와 '글을 쓴다'는 근본적으로 다른 행위이다.

이들 관점에서 코드는 사용자가 상호작용하는 표면의 내부에서 작동하는 추상적 논리이다. 그림을 완성시키도록 도와주는 붓과 같은 도구이기 때문에 연구의 대상이 되기 어렵다. 시나리오가 영화가 아닌 것처럼 코드는 목적을 구현하기 위한 설계도에 불과했다.

그 뿐 아니라 코드는 미학의 차원이 아닌, 참/거짓의 차원에서 논의되기에 평가와 해석을 동반하는 텍스트가 될 수 없었다. 코드는 의도한 실행이 성공하느냐 실패하느냐에 따라 수학의 공식처럼 즉각적으로 진위가 판단되는 것이기 때문이다. 덧붙여, 그럼에도 불구하고 누군가가 코드의 미학을 논한다면 그것은 오로지 코드의 간결함에 달려있었다. 의도한 실행을 가장 효율적으로 수행하는 짧고 읽기 쉬운 코드야말로 가장 아름다운 코드이기 때문이다.

코드 짜기는 글을 쓰는 것처럼 자유로운 활동도 아니었다. 컴퓨터의 언어는 일상 언어처럼 많은 단어를 가지고 있지 않다. 코드 짜기에 흔히 쓰이는 'if', 'while', 'for' 등의 단어 역시 변별적 의미보다는 참/거짓을 판별하기 위한 목적을 지닌 단어나 단어의 조합일 뿐이다.

한편, 인문학의 관점에서도 코드는 그다지 환영받지 못하는 연구대상이었다. 제롬 맥간에 따르면 인문학은 인간의 모호한 생각에 대해 연구하는 학문이다. 결과적으로 참과 거짓, 0과 1이라는 두 가지 기계적 언어를 통해 정확한 명령에 예외 없이 따르는 코드는 연구대상으로서의 가치를 획득하기 어려웠다.

그러나 분명하게도 오늘날 코드는 단순한 언어체계와 간단한 규칙을 활용해 매우 복잡한 행동과 패턴을 만들어내고 있다. 역설적으로 코드가 텍스트가 될 수 없는 이유들은 코드를 텍스트로 상정한다. 간명한 코드가 복잡한 세계를 대변한다. '코드는 법이다(Code is law).'

로렌스 레식은 우리의 자유를 위협해온 사회 규범, 국가 권력, 시장을 잇는 새로운 규제자로 코드를 지목한다. 횡단 보도에서 길을 건너고 마트에서 생필품을 구매하는 것과 같은 매우 일상적인 행위에도 코드는 그 영향력을 미치고 있으며, 코드의 선택이 우리를 규정하고 특정한 행위를 유도한다.

결국 코드는 인간의 행동과 생각에 매우 일상적이며 실질적인 영향력을 미치고 있음에도 불구하고 어디에서도 환영받지 못한 텍스트였다. 코드가 과도한 숭배의 대상이 될 필요는 없지만, 텍스트로서 코드가 가지는 변별성에 주목하여 그 풍부한 가능성의 세계를 탐색하는 시도는 필요하다. 이에 우선적으로 코드를 분석함에 있어 적용할 적절한 방법론의 모색에 집중하며 코드 연구의 실마리를 찾아나가고자 한다.

동아시아한국학 연구노트 19(2016.09)

≡이화진(인하대학교 한국학연구소 HK연구교수)

무더웠던 8월, 매일 같은 시간 같은 자리에 앉아서 식민지시기에 발간된 일본어 신문 ≪경성일보≫의 영화 광고를 훑어보았다. 단순하고 다소 지루하기까지 한 광고 보기는 '밑 빠진 독에 물 붓기'처럼 당최 끝이 보이지 않았는데, 무더위를 핑계 삼아 꼬박 한 달 동안 계속했다. 친한 동료들끼리는 '구슬 꿰기'라고도 부르는 자료 작업의 덕목은 첫째도 성실, 둘째도 성실, 셋째도 성실인 터라, '이 분야 최고의 칭찬은 우직한 연구자'라고 스스로 최면을 걸면서 지루한 시간을 버텼더랬다.

이 작업은 일본의 대표적인 유럽영화 수입배급사 도와

상사[東和商事]가 배급했던 영화들의 조선 상영 정보를 확인하기 위해 시작되었다. 한국영화사 연구자들에게는, 영화 〈한강〉(1938), 〈수업료〉(1940), 〈집 없는 천사〉(1941) 등의 일본 배급자로 알려져 있는 도와상사는 독일, 프랑스, 오스트리아, 영국, 체코 등 유럽 각지의 영화를 일본에 수입하고 이를 다시 일본과 만주, 대만, 조선의 각 지사에 공급하여 유럽영화와 동아시아 관객의 접속을 중개한 양화배급사다. 도와상사는 1930년대 일본에서 유럽영화를 가장 많이 수입 배급한 회사일 뿐 아니라, '도와상사 제공 영화'가 매해 ≪키네마준보(キネマ旬報)≫ 선정 외국영화 '베스트 텐'에서 언제나 상위를 지킬 정도로 '유럽의 명화'를 수입해온 회사로도 명성이 높았다.

식민지 시기 할리우드영화의 압도적인 공세에 밀려서 유럽영화는 매우 적은 편수만이 상영되었지만, 그 문화적 파급력은 스크린 점유율 수치만으로는 헤아릴 수 없을 정도로 상당했다. 특히 1930년대에는 적어도 담론 상으로는 미국영화를 위협할 만큼 부흥했다. 당대 담론을 주도한 문화 엘리트들은 유럽영화를 애호했고, 몇몇 감독과 영화에 대해 절대적인 지지를 보냈으며, 자신들의 유럽영화 취향을 대중 관객과 구별되는 표지로 삼았다. 이들은 유럽영화를 통해 상품과 오락으로서의 영화가 아닌 문화와 예술로서의 영화라는 관념에 동조했고, 유럽이라는 세계를 상상했으며, 때로는 유럽영화에서 예술적 영감의 원천을 발견하기도 했다. 그동안 주로 한국 근대문학 연구자들이 1930년대 유럽 영화의 수용에 관심을 기울여온 것도 문화 엘리트와 유럽 영화 사이의 '상상적 친밀성'을 당대의 문화 장과 교차시켜 독해할 필요 때문일 것이다.

여기서 놓치지 말아야 할 것은 식민지 조선에서 유럽영화에 대한 선호란 근본적으로 제한된 조건 안에서의 선택이라는 점이다. 식민지의 관객은 스크린을 통해 제국 너머의 영화 세계와 직접적으로 만나는 듯 상상되지만, 이 접속에는 필름의 이수입, 배급, 검열, 번역, 비평 담론 등 여러 제국적 주체들이 개입하는 다단한 과정이 중첩되어 있다. 도와상사 수입영화의 조선 상영 정보를 일일이 확인하는 작업은 유럽과 동아시아, 그리고 일본과 그 영향권으로의 필름의 이동을 중개하는 제국적 주체로서의 양화수입-배급사에 대한 실증적 사례 연구이자, 식민지 엘리트의 심상지리와 정서 구조를 형성하는 문화적 배지(cultural medium)에 대한 탐색으로 나아가는 첫 걸음이 되기를 기대하고 있다.

동아시아한국학 연구노트 20(2016.12)

﹦우지현(인하대학교 한국학연구소 연구원)

　윤석중. 그의 이름 석 자를 모르는 이는 더러 있을지언정 그의 동요를 한 번도 들어본 적 없다는 이는 찾기 어려울 것이다. 그도 그럴 것이 그가 써낸 동요는 우리 아이들의 삶에, 또 그들을 길러내는 우리네의 삶에 워낙 밀착해왔기 때문이다. 그의 동요는 아이들이 "엄마 앞에서 짝짜꿍 아빠 앞에서 짝짜꿍"을 부르는 어린 시절부터 아이가 자라 "빛나는 졸업장을 타신 언니"가 될 때까지 그 성장 과정을 함께 한다. 방정환이 근대적 아동을 발견하고 그들의 권리를 찾아줄 어린이날을 만들었다면, 그의 후계를 자처하는 윤석중은 그 날 만큼은 "오늘은 어린이날 우리들 세상"이 될 수 있도록 노래의 힘으로 그것을 지켜왔다.

하지만 그의 아동문학가로서의 업적이 그만큼 큰 탓인지 그간 아동문화가로서의 그의 생애는 상대적으로 덜 조명되어온 경향이 있다. 그가 동요 못지않게 정력을 쏟았던 새싹회에 대한 연구가 특히 그러하거니와, 그 중에서도 그가 1950년대에 미국의 민간 원조 기구 아시아재단의 지원을 받아 아동 수기를 비롯하여 학급 문고 시리즈 등을 낸 것은 그동안 연구의 사각지대에 놓여있었다 해도 과언이 아니다.

이 같은 사실들은 아시아재단의 원조 양상을 분석함으로써 한국의 냉전문화를 살펴보는 '아시아재단 연구팀'이 수집한 자료를 통해 처음으로 밝혀진 것이다. 아시아재단은 본디 1951년 자유아시아위원회(Committee for Free Asia: CFA)로 출범했던 것이 1954년에 이르러 명칭을 개칭한 것인데, 이미 자유아시아위원회 시기부터 한국의 아동 출판물을 지원했던 흔적이 남아 있다. 1950년대에 아시아재단은 자유아시아위원회 시절에 한 번, 아시아재단 시절에 다시 한 번 적잖은 규모로 아동 출판물의 출간을 지원했으며 이 두 차례에 원조에 모두 윤석중이 깊숙이 연관되어 있다. 윤석중은 윤석중 아동연구소에서 낸 아동 작문 수기에는 자유아시아위원회의 지원을, 자신이 주도하는 아동문화단체 새싹회에서 낸 학급문고 시리즈에는 아시아재단의 지원을 받았다.

그동안 축적되어 왔던 윤석중 연구에서 상술한 서적들이 언급되지 않았던 것은 아니지만 연구의 초점이 윤석중의 아동문학에 맞춰져 있었기 때문에 그 배경과 성격 등이 충분히 조명되지 못했었다. 가령 『지붕 없는 학교』(박문출판사, 1954)의 경우 아동들이 직접 쓴 수기들인데 수기문학의 경우 아직까지는 아동문학 연구자들의 주된 관심사에서 벗어난 장르이기도 하거니와, 이 서적들은 특히 전문작가가 아닌 아동들이 쓴 것이기에 더더욱 관심의 대상이 되기 어려웠다. 또한 위와 같은 서적들을 낸 윤석중 아동연구소와 새싹회는 문학단체가 아니라 문화단체에 가까운 성격을 가지고 있어 윤석중의 여러 활동 가운데 간략히 소개되는 정도로만 그친 측면이 있다. 하지만 이 출판물들이 간행된 1950년대는 혼란한 시대상 탓에 비단 아동문학장뿐만 아니라 윤석중 개인에 있어서도 해방 이전과는 다른 변화의 조짐이 발견되는 시기였다. 윤석중의 이 같은 변화는 월남 이후 아동문학장의 주류 세력으로 급부상한 강소천의 경우와 같이 급격하게 일어난 것이 아니라 여러 징후들이 축적되면서 발생한 것이므로 이 시기의 그의 활동을 다각적인 관점에서 보려는 것은 의미 있는 시도가 될 수 있다.

서두에 언급한 동요 〈짝짜꿍〉이 "엄마 한숨은 잠자고/아빠 주름살 펴져라"라고 우리가 흔히 알고 있던 1절이 끝이 아니라, 실은 "들로 나가서 뚜루루/언니 일터로 뚜루루.//언니 언니 왜 울우/일하다 말고 왜 울우./우는 언니는 바아보/웃는 언니는 자앙사."라는 내용의 2절까지 있었다는 사실을 아는 이는 드물 것이다. 일하는 언니의 모습을 그린 2절은 그를 동심천사주의로 몰고 비판하는 측의 논리처럼 그가 덮어놓고 혀짤배기류의 동요만 썼던 것이 아니라 현실의 아동 역시도 도외시하지 않았음을 뒷받침하는 중요한 근거가 된다. 〈짝짜꿍〉 동요의 2절은 최근 윤석중의 생애를 온전히 복원해보려는 유의미한 윤석중 연구들이 이루어지면서 다시금 부각되고 있다. 이 연구 역시도 윤석중의 또 다른 단면을 복원하는 데 작게나마 기여할 수 있기를 바란다.

동아시아한국학 연구노트 21(2017.03)

이화진(인하대학교 한국학연구소 HK연구교수)

　지난 3월 21일 한국영상자료원 시네마테크에서 영화 〈총
독의 딸〉이 제작 52년 만에 처음으로 공개되었다. 1965년에
제작된 이 영화는 해방 20년 만에 일본인 배우가 출연하는
첫 번째 한국영화로 화제가 되었지만, 제작 후 반 세기가
넘도록 공개되지 못했다. 한국영상자료원에 필름은 소장되
어 있지만 검열 서류는 보존되어 있지 않아서, 상영을 허가
받지 못한 정확한 사유는 알려져 있지 않다. 한일 협정을
앞둔 시점의 한일 친선과 우호 무드에 부응하는 영화였지
만, 남한 대중의 민족주의적 정서에는 상당한 거부감을 일
으킬 만한 소재를 다루고 있고, 일본인 배우의 한국영화 출

연이 앞으로 일본영화 수입 개방으로 이어질 것을 우려하는 국산영화 제작업계 내부의 반발 때문에 공보부가 개봉을 지연시켰으리라는 점 정도가 짐작된다.

학병 반대 운동을 모의하고 있는 항일 민족주의자 조선 청년(신영균 분)과 마지막 조선 총독의 딸(미치 카나코 분)이 서로 사랑에 빠진다는 설정 자체가 충분히 민족주의적인 반감을 불러일으킬 만한데, 영화 자체는 그동안의 배일주의적 정서를 흡수하면서도, 그것을 느슨하게 만들며 유희하는 쾌감도 조장하고 있다. 1960년대에 잠시 붐을 이루었던 일련의 현해탄 로맨스처럼, '일본은 미워해도 일본인은 미워하지 말라'는 '인류애'를 전달하고자 애쓴 영화다. 태평양전쟁 말기를 배경으로 하지만, 한일 협정 체결 즈음의 국제정치적 맥락이 영화 속에 노골적으로 반영되는 점도 흥미로우며, '6.3 사태'와 베트남전쟁 파병 결정 이후 쏟아진 정부 비판 여론에 대해 은근하게 대응하고 있는 점 역시 텍스트 독해의 묘미 중 하나다. 어떤 면에서, 공개된 필름은 이전에 상상해왔던 것보다 훨씬 '위험한 영화'였지만, 그것이 누구에게 어떻게 위험한 영화인가는 해석의 몫일 것이다.

연출자 조긍하 감독은 그로부터 2년 후에 〈잘 돼갑니다〉라는 영화를 만들었다. 이승만 정부의 부패를 풍자한 라디오드라마를 영화화한 것으로, 박정희 정부는 청와대를 촬

영장소로 제공하고, 이기붕 가족의 자살 장면도 경무대에서 촬영할 수 있도록 협조했다고 한다. 그런데 불운하게도 이 영화 역시 개봉 전날 상영 허가가 취소되었다. 조긍하 감독은 박정희 정부의 '뜻'을 일부러 거스르려 한 적은 없다. 그러나 때로 그 '뜻'에 과잉해서 충실했던 탓에 빛을 못 본 영화를 만든 비운의 감독이 되었다. 당시 영화 제작 시스템을 생각해 보면, 감독의 의지보다 제작사의 기획이 더 핵심적인 역할을 했을 터이고, 그러한 기획을 추동하게 하는 것은 박정희 정부의 영화 정책이기도 했으니, 그 시대의 검열은 국가 권력과 영화 산업, 그리고 여러 이해 관계자들과 사회 여론이 서로 물리고 물리며 예측할 수 없는 결과를 낳았던 듯하다.

영화 〈총독의 딸〉의 미개봉은 한일 협정 즈음 한일 관계의 변화, 그리고 그러한 대외 관계가 국내의 사회 문화에 야기한 여러 파장 속에서 발생한 사건이다. 그 영화가 반세기가 지난 오늘에야 공개된 것은 영화와 검열에 관한 오랜 이야기를 다시 꺼내보게 한다. 〈총독의 딸〉의 공개는 물질적으로 존재하되 볼 수 없는 필름들, 다시 말해 국가에 의해 금지되고 국가에 의해 보존되고 있는 그 필름들에 대해 관심을 환기하는 계기가 될 것이다.

제3부
동아시아한국학의
발자취 3
: 학술 현장
스케치

연변학 학술회의를 마치고: 〈연변 조선족의 정체성과 한국학〉(2012.5)

≡우경섭(인하대학교 한국학연구소 HK교수)

지난 5월 10일(목) 본 연구소에서는 〈연변 조선족의 정체성과 한국학〉이라는 주제로 학술회의를 개최했다. 중국 연변대학에서는 '민족사(조선족사)'를 전공하는 김춘선·김태국·김준·이용식·최민호 교수가 참석하였고, 한국 학자로는 해방 직후 만주 조선인들에게 '조국'이란 과연 어떤 의미였는지에 관한 거작(『또 하나의 한국전쟁-만주 조선인의 '조국'과 전쟁』)의 저자 염인호 교수(서울시립대) 및 이번 학술회의를 기획한 필자 등이 발표를 맡았다.

사실 전근대시대를 공부한다는 핑계로 세상사에 무지함을 자위하던 필자가 주제넘게 '연변'이라는 현실적 과제를 떠안게 된 경위는 순전히 '출장' 때문이었다. 하지만 작년 1월 처음으로 연변 학자들과 이야기를 나누며, 아직도 그처럼 '민족'이란 화두를 진지하게 부여잡고 사는 모습에 경이로움을 느꼈다. 그리고 "남한 사람들이 자신들을 '조선족'이라 부를 때 마치 일제시대 '죠센징'이라는 호칭을 듣는 듯한 감정을 느낀다"는 누군가의 말에 또 한 번 당황하였다.

　1992년 한중수교는 조선족이 중국 공민으로서 정체성을 확고히 가지게 된 계기 중 하나였다고 한다. 그전까지 막연히 고향으로 그리던 남한을 직접 밟을 수 있게 되면서, 그곳이 자신들과 이질적인 공간임을 깨닫게 된 결과라 한다. '국적이 다른 동포'라는 상식적 관계를 넘어서, 그들에게 우리는 과연 무엇일까? 그들의 '민족학'에서 바라볼 때, 지금 우리가 하고 있는 '한국학'은 과연 어떤 의미를 지니고 있을까?

한국(문)학이라는 토포스: 〈고유성의 지정학, 한국(문)학의 학술사적 변동〉학술대회 (2012.7)

≡조강석(인하대학교 한국학연구소 HK교수)

지난 7월 20일 서울역사박물관 1층 강당에서는 인하대학교 한국학연구소와 상허학회가 공동 주관한 〈고유성의 지정학, 한국(문)학의 학술사적 변동〉이라는 주제의 학술대회가 열렸다. 이 자리에서는 한국학 혹은 조선학에 대한 타자의 시선을 추적하고 그것의 의미를 새겨보고자 하는 연구들과 그간 국내에서 한국학이 성립되고 전개되어 온 추이를 구체적으로 정리하는 연구들을 중심으로 열띤 논의가 이루어졌다. 「북미에서의 한국학 연구」(Dafna Zur)와 「원점

의 풍경: 전후 일본의 '조선학'과 '조선근대문학연구'의 성립」(최태원), 「라이샤워, 동아시아, '권력/지식'의 테크놀로지」(장세진)가 전자에 해당하는 것이라면 「식민지 아카데미즘의 '조선문학사' 인식과 그 지정학적 함의」(류준필), 「창생하는 국가, 창출하는 기예」(장지영), 「토착 지성의 해방 전후 – 김범부와 함석헌을 중심으로」(김건우)와 같은 연구는 대체로 후자에 해당한다고 할 수 있다.

여러 논자들이 고구하고 있듯이 '조선학'이나 '조선문학사'라는 범주 및 개념은 발생과 성립에 있어 애초부터 연역과 귀납이 동시에 귀속되어야 하는 대상일 수밖에 없다. '조선학'이 먼저 있고 조선적인 것들의 구체들이 수집되는 방식은 이념적일 수는 있으되 프로크루테스의 '학學'이라는 방만한 욕망의 산물로 귀결되는 위험으로부터 자유로울 수 없다. 거꾸로 조선의 문학적 현상들을 집체처럼 쌓아서 '조선문학사'를 구성하고자 할 때는 사실의 바다를 표박하는 열정의 소박한 낭비로부터 자유로울 수 없다. 그런 의미에서 이번 학술대회는 한국(문)학의 성립에 대해서 발언하기보다는 한국(문)학의 성립 및 전개 양상과 관련된 공시적·통시적 토포스(topos)를 어림잡고자 하는 노력의 일환이었다는 점에서 의의를 지닌다고 하겠다.

다만, 한 가지 생각해볼 점은 '한국(문)학'이라는 개념 혹은 범주에서 '문'이라는 기표가 괄호에 담겨 있는 것의 의미가 무엇인가 하는 것이다. 학문적 통섭이 학문의 백화점이나 비전문성의 교류를 의미라는 것이 아니라면, 저 괄호에 안치된 '문'은 '학'의 무엇일 수 있을 것인가?

동아시아의 언어, 문자, 언어학의 미래: 〈근대 이행기 동아시아의 자국어 인식과 자국어학의 성립〉 학술회의

≡한성우(인하대학교 한국학연구소 운영위원)

지난 11월 29일 인하대학교 정석학술정보관 국제학술회의장에서 〈근대 이행기 동아시아의 자국어 인식과 자국어학의 성립〉이라는 주제의 학술회의가 열렸다. 한국, 중국, 일본, 베트남 4개국의 석학들이 모여 근대 이행기의 언어와 언어연구를 종합하고 현재적 관점에서 이를 평가하였다. 그동안 동아시아 각국에서는 개별적인 연구로 근대 이행기의 자국어와 자국어학에 대해 많은 연구 성과를 내었다. 또한 2개국 또는 2개 국어에 대한 비교 연구도 많이 이루어졌다. 그러나 동아시아 전체를 아우르는 종합적인 연구가 없다는 아쉬움이 있었는데 이번 학술대회를 통하여 그동안의 부족했던 점을 보완할 수 있게 되었다.

이날 학술회의를 통해 근대 이행기 이전에 공유하던 공통문자와 공통문어가 근대 이행기를 거치면서 자국문자와 자국문어로 어떻게 대치되었는가를 확인할 수 있었다. 또한 전통적인 언어연구의 바탕 위에 새로운 언어연구의 방법과 내용이 각국에 어떻게 정착되었는지도 비교, 대조할 수 있었다. 다양한 유형의 문자와 언어의 집합체이자 보고인 동아시아에서 근대 이행기에 어떠한 역동적인 변화를 겪었는지 재확인할 수 있는 뜻 깊은 자리였다.

이 학술회의를 통해 남은 문제와 앞으로 개척해야 할 방향을 확인할 수 있었던 것도 의미가 있었다. 근대 이후 주도권을 서구에 넘겨주게 되면서부터 동아시아는 언어, 문자, 언어학 면에서도 수렴적 태도를 보여 왔는데 앞으로는 이제까지의 한계를 극복한 발산적인 태도가 필요하다는 것을 공감하게 되었다. 언어와 문자의 발달 과정에서 동아시아가 어떠한 주도적인 역할을 했는가와 앞으로 어떻게 주도적인 역할을 해야 할 것인가에 대한 두 가지 고민을 모두가

떠안고 해결해 나가야 할 것이다

일본 니이가타 대학 환環동아시아연구센터
주최 심포지엄 단상短想(2013.3)

≡임학성(인하대학교 한국학연구소 HK교수)

지난 3월 2일(토), 본 연구소의 학술교류협정 체결 연구기
관인 니이가타[新潟] 대학 環東아시아硏究센터가 개최한 학
술심포지엄에 발표자로 참석하였다. 이번 학술심포지엄의
주제는 "근대 東北아시아史에 있어서의 境界"였는데, 근대
동북아시아에 있어서 국가와 국가, 제국과 종속지 간에 생
성된 경계 인식 및 경계를 둘러싼 충돌/연대의 활동 등에
대해 검토해봄으로써 동북아시아지역 경계의 역사적 성격
을 생각해보려는 게 그 취지였다.

이러한 기획은 본 학술심포지엄을 주최한 니이가타 대학

의 환동아시아연구센터가 나름 '環日本海中心論' 구축을 아젠다로 具象化하고 있는 것과 무관하지 않았다고 본다. 여하튼 한·일·중 3국의 학자가 '경계인식의 실상'과 '동북아시아 국제관계에서의 경계'라는 두 섹션에 나뉘어 총 6편의 주제발표를 진행하였다. 각 주제발표의 발표자와 제목은 중국 首都師範大學 인즈챵[殷志强] 교수의 "根據地의 反戰同盟을 둘러싼 경계인식", 니이가타 대학 후모토 신이치[麓愼一] 교수의 "日露戰後의 新潟과 對岸地域~自由港制의 廢止에서 日韓倂合으로~", 니이가타 대학 요시 겐이치[芳井硏一] 교수의 "環日本海지역의 경계인식"(이상, 제1섹션), 北京大學 숭청유[宋成有] 교수의 "'동아시아공동체론'의 構想과 실천", 북경대학 쉬융[徐勇] 교수의 "근대 日中 양국 軍人의 정치관여와 법규의 비교연구", 본 연구소 임학성 교수의 "20세기 초 '間島'지역 거주 조선인에 대한 戶籍調査~韓中간 경계의 接點~"(이상, 제2섹션) 등이었다.

상기 발표제목에서도 알 수 있듯이 일부 발표주제는 본 학술심포지엄과 부합하지 않는 면도 없지 않은데, 이는 이번 학술심포지엄이 니이가타 대학 환동아시아연구센터가 북경대학 동북아시아연구소와 학술교류협정을 체결하는 것에 맞추어 개최하였기에 불가피한 점이 있었다고 본다.

지면의 量이 제한되어 각 발표의 요지를 소개하기는 어렵고 ―발표문은 주최 기관 발행 『환동아시아연구센터연보』 제8호(2013년 2월 간행)에 게재되어 있음― 필자의 발표에 대한·중·일 학자의 관심(질문 내용)만을 간단히 언급해보는 것으로 글을 맺겠다.

먼저, 발표 내용이 '間島' 領屬 문제와 관련됐기에 중국 학자에게는 다소 예민한 사안이 될 수 있었고 이에 예상되는 질문 공세에 대한 답안을 준비해 두었지만 필자의 예상과는 다르게 중국 학자들은 '간도' 영속 문제에 대해서는 무덤덤했고 오히려 19세기 말 조선인들이 '간도'지역으로 대거 이주하게 된 한국 국내의 사정이 어떠했는지에 관심을 갖고 질의를 하였다. 반면, 일본 학자들은 조선 정부가 '간도' 거주 조선인을 조사하여 작성한 戶籍자료에 대해 관심을 두었고, 특히 환일본해 지역에 주된 관심이 있기 때문에 沿海州 지역으로 이주한 조선인에 대한 호적조사 사실 및 자료의 존재 여부를 질의하였다.

여하튼 일본과는 유사하나, 중국과는 뭔가 다르다는 學硏의 '경계'를 느끼는 자리였다.

유교사회에서 예禮가 지니는 의미: 〈동아시아적 시각에서 바라본 조선의 예학〉 학술회의(2013.5)

≡윤상수(인하대학교 한국학연구소 HK연구교수)

지난 5월 16일(목) 인하대학교 정석학술정보관 대회의실에서는 본 연구소 주최로 〈동아시아적 시각에서 바라본 조선의 예학〉이라는 제목의 학술회의가 열렸다.

이 자리에서는 조선시대의 예학과 관련하여 모두 세 분의 발표가 있었다.

먼저 인하대 이봉규 교수는 「조선시대 「家禮」 연구의 특색과 연구방향」이라는 제목의 발표에서 조선시대 「가례」 연구의 전반적인 특징을 '行禮', '國典의 改補', '尊王과 行王' 등을 중심으로 정리하고, 앞으로의 연구방향에 관해 서구적·근대적 인간 개념에 속박되지 않고 동아시아의 유교적 전통을 재조명하는 하나의 방법으로서 禮에 접근해야 하며, 조선후기에 등장하는 經濟書들의 경우도 「家禮」의 수행이라는 측면에서 재검토할 필요가 있다는 제안이 있었다.

연세대 장동우 교수의 발표, 「「國朝五禮義」에 규정된 大夫·士·庶人의 四禮에 대한 고찰」에서는 「국조오례의」, 「가례」, 「세종실록」 등에 대한 실증적인 분석을 통해 「국조오례의」의 '私家禮' 규정이 「가례」를 연원으로 하여 조선을 시속을 반영하는 방식으로 정리된 것이라는 점을 규명하였다.

그리고 고려대 박종천 교수의 「조선후기 예론의 성격과 전개 양상」이라는 제하의 발표에서는 특정한 사안과 관련된 구체적인 禮說과 개념적−사상적 담론으로서 예론을 구분하고, 후자에 초점을 맞추어 조선후기의 예론의 전개를 禮治의 제도개혁적 관심, 天理에서 人情으로, 公私觀의 변화를 중심으로 정리하였다.

종합토론 시간에 있었던 많은 논의를 짧은 글로 정리하는 것은 불가능하다. 다만 철학과 역사, 동양과 서양, 조선과 중국을 넘나들며 많은 문제가 —공동의 인식에 도달하지 못한 경우도 많았지만— 거론되었다는 점이 인상적이었다. 이것은 아마도 禮가 동아시아의 전통사회에서 수많은 문제가 반드시 통과해야 하는 중요한 고리였기 때문이 아니었을까, 생각된다.

동아시아의 전통사회를 설명하는 데는 많은 의견이 있겠지만, 그 중에 하나로 유교를 꼽는 데는 이견이 없을 것이다. 그리고 지배계급이 국가와 사회의 영역에서 실제로 유교적 이상을 실현하려고 하였을 때, 공적 영역과 사적 영역을 불문하고 예는 언제나 핵심적인 문제였다. 하지만 적어도 지금까지 '동양철학'이라는 학문에서 예에 관한 연구가 등한시 되어왔다는 느낌을 지울 수가 없다.

동아시아에서는 하나의 왕조가 수립되면 이전 왕조의 역사서를 편찬하는 전통이 있었다. 이러한 역사서에는 언제나 전대의 예를 수록한 禮志와 유학자들을 기록한 儒林傳이 포함되어 있었다. 지금까지의 '동양철학' 혹은 '유교' 연구는 예지를 무시하고 유림전만을 다뤄온 것은 아니었을까?

유교를 연구한다고 하면서 예에 무지했던 자신을 반성하면서, 동아시아 역사적 경험을 포괄적으로 이해하고 평가하기 위해서도 전통사회에서 예가 차지하는 위치에 상응하는, 그리고 전문적인 학문의 영역을 넘어서는 통합적인 연구가 요구되는 시점이 아닐까, 생각하게 된다. 이는 전문적으로 예를 연구하는 연구자들에게도 필요한 자세일 것이다.

새로운 모델의 학술회의:
"미추홀彌鄒忽 2000년, 인천정명仁川定名 600년"
(2013.9)

≡임학성(인하대학교 한국학연구소 HK교수)

지난 9월 12일(목)부터 14일(토)까지 인천시의 지원을 받아 "彌鄒忽 2000년, 仁川定名 600년"을 기념하는 국제학술회의를 개최하였다.

본 학술회의는 금년이 '仁川'이라는 지명이 붙여진 지 600년이 됨을 기념하자는 취지에서 마련된 것이기에 처음 기획 단계부터 과연 어떤 주제와 내용으로 학술회의를 꾸릴 것인가에 대해 적잖은 고민이 있었다. 그 결과 주제는 인천 지역이 지닌 역사적 독특성에 기반하여 그리 어렵지 않게 설정할 수 있었지만, 내용에서는 그동안 늘 해왔던 방식에다가 새로운 모델을 추가하기로 하였다.

학술회의의 전체 주제를 "이주민의 삶과 문화 정체성, 그리고 인천"으로, 그리고 제1일차의 주제를 "귀화 이주민의 정체성과 인천", 제2일차의 주제를 "해외 한인동포의 삶과 문화" 등으로 설정한 것은 인천의 역사적 특성이 '이주'와 '교류', 즉 人流와 文流, 物流에 있었던 때문이었다. 특히 제1일차 내용을 〈다큐+토크〉의 방식으로 하여 인천에 거주하는 귀화 이주민의 삶을 다큐멘터리로 제작한 영상을 관람한 다음, 토크쇼를 통해 '귀화'와 '국적'의 문제를 진솔하게 토론한 것은 새로운 모델의 계발이었다.

또한 이번 학술회의가 인천의 학술 축제가 되어야한다는 취지에서 학술 '전문가'만의 고루(?)한 행사가 되는 것을 지양하고, 고등학생들을 초청하여 "조선시대 외국인의 귀화 양상과 정책"(제1일차)과 "중국 조선족의 역사와 현실"(제2일차)이란 주제의 '때 묻지' 않은 발표를 듣는 자리를 마련한 것도 매우 유의미했다. 이 또한 기존의 학술회의에서 볼 수 없었던 새로운 모델 계발이었다.

제2일차 회의는 중국과 일본, 중앙아시아, 하와이 등에 거주하는 한인동포의 이주사와 '韓'문화의 지속 및 창출에 관한 내용들을 발표하고 토론하는 자리였다. 아울러 인천의 역사를 '人流'史의 관점에서 정리한 발표와, 인천의 향후 모델을 진단한 발표를 본 회의의 처음과 끝에 배치함으로써 인천의 정체성을 짚어 봤다.

여하튼, 제3일차 답사(인천 개항장과 한국이민사박물관)를 포함하여 총 3일간에 걸친 이번 국제학술회의를 통해 우리는 한국의 귀화제도는 물론 他者를 바라보는 한국인의 인식이 아직은 비개방적이며 폐쇄적임을 알 수 있었으며, 해외 한인동포가 문화 정체성을 잃지 않기 위해 수많은 노력을 해 왔음을 확인할 수 있었다.

아울러 향후 국제도시 인천이 나아가야할 방향이 무엇인가를 생각해 보게 하는 학술회의였다고 본다.

'해양'이라는 열린 공간과 그 안에 닫힌 시각
〈해양·개항장·배후지: 19세기 이래 동아시아의 교통과 사회변천〉(2013.10)

≡박준형(인하대학교 한국학연구소 HK연구교수)

지난 10월 19일부터 3박 4일간의 일정으로 중국 상해의 복단대[復旦大学]에서는 복단대 역사지리연구센터가 주관하고 본 연구소와 중산대[中山大学] 아태연구원, 남개대[南開大学] 역사학원, 상해항해박물관, 복단대 장삼각항구발전연구센터가 후원한 국제학술대회 〈해양·개항장·배후지: 19세기 이래 동아시아의 교통과 사회변천〉이 개최되었다. 발표자만 40여 명에 이르는 대규모 학술대회로서 2일간 섹션을 나누어 발표 및 토론이 진행되었고, 이후 2일 동안은 상해와 영포 일대에 대한 답사가 이루어졌다.

이번 학술대회는 복단대 역사지리연구센터의 주임인 우송디[吳松弟] 교수가 대회 도중 수차례 밝힌 바와 같이 한국의 주요 해항도시에 소재한 5개 대학의 관련 연구기관, 즉 인하대 한국학연구소, 부산대 한국민족문화연구소, 목포대 도서문화연구원, 제주대 탐라문화연구소, 한국해양대 국제해양문제연구소가 2011년의 인하대를 시작으로 매년 공동 개최해 온 '동아시아 해항도시 국제학술대회'를 모델로 한 것이다. 중국 내에서 '해양'이나 '개항장'을 주제로 이 정도 규모의 국제학술회의가 개최된 것은 처음 있는 일이라고 한다.

그러나 처음이라는 말에 걸맞지 않게 발표자들의 연구내용과 토론의 수준은 매우 깊이 있었다. 기조발표에 나선 중산대의 하마시타 타케시[濱下武志], 인하대의 이영호李榮昊, 남개대의 왕위루[王玉茹], 복단대의 우송디 교수는 각기 「海關·僑批·信局網絡을 통해 본 해양·개항장·배후지 관계 연구」, 「인천개항과 배후지의 산업 변동」, 「교통운수의 발전과 근대 천진의 북방경제 중심적 지위의 형성」, 「중국 근대 경제 변천의 공간적 진행 과정」이란 주제로 발표를 했는데, 특히 우송디 교수는 연구 대상을 개항장이나 배후지라는 예외적 공간에 한정하지 않고 공간과 공간 사이의 유기적 관계와 그 변천에도 충분한 주의를 기울이고 있다는 점에서 주목할 만하였다. 또한 하마시타 교수는 다른 발표자와의 토론 과정에서 '해양' 자체를 배후지로 보는 발상의 전환을 하나의 방법론으로 제시하기도 하였다.

다만 발표의 대부분이 경제적 관점에서 출발하고 있다는 점은 이번 학술대회의 한계점으로 지적해 두고 싶다. 교통의 발전이나 경제적 성장만을 강조한다면 자칫 발전의 성과들에만 시선을 빼앗겨 그로부터 배태된 또 다른 양상들에는 눈을 잃을 수 있기 때문이다. 그것은 연구자들 개개인의 문제라기보다는 어쩌면 중국의 눈부신 경제성장이 연구자들의 눈을 멀게 만드는 것인지도 모르겠다.

두 개의 콜로키움, 하나의 요청(2013.12)

≡조강석(인하대학교 한국학연구소 HK교수)

2013년 12월, 본 연구소의 연구자들은 일본 도쿄에 있는 도쿄 외국어대학교와 교토에 있는 도시샤 대학교에서 개최된 콜로키움 행사에 참여하여 논문을 발표했다. 콜로키움이라는 행사의 성격 자체가 그렇듯이 연구자들은 각기 자신의 문제의식을 반영한 논문을 발표하고 이를 토대로 현지의 연구자들과 자유로운 분위기 속에서 허심탄회하게 학술적 의견을 교환했다.

우선, 2013년 12월 17일, 〈한국 근대시의 언어 의식과 감성의 구조〉라는 주제로 도쿄외대에서 개최된 콜로키움에서는 김만수 소장님과 필자가 논문을 발표했다. 각별히, 콜로키움을 주관한 도쿄외대에서 한국의 문학과 어학을 전공하는 대학원 학생들의 숫자가 상당하고 이들의 한국의 언어와 문화에 대한 관심 역시 적지 않음에도 불구하고 이와 관련된 다양한 논의들을 직접 접할 기회가 없었다는 점을 감안하여 진행된 이 콜로키움은 여러 가지로 관심을 끌기에 충분했다. 김만수 소장님은 「김소월 시집 『진달래꽃』에 실린 10편의 시에 대한 주석」이라는 주제로 논문을 발표했다. 이 논문은 김소월의 시집 『진달래꽃』이 굿의 구조와 언어로 이루어져 있음을 규명한 것인데 도쿄외대의 교수들과 대학원생들은 한국의 전통적인 문화형식과 언어형식이 접합하는 실례로서의 김소월의 시에 대해 비상한 관심을 보였다. 또한 필자는 「시적 언어의 권리능력과 권리한계에 대하여」라는 주제의 논문을 발표했는데 이는 언어를 전공하는 이들에게 언어의 특수한 용례로서 시적 언어의 권리와 한계의 양상에 대한 논의를 전개해보려는 것이었다. 결과적으로 본 콜로키움은 한국 근대시의 역사에서 가장 전통적인 정서를 잘 반영한 시인으로 꼽히는 김소월과 모던한 계열의 시를 언급할 때 항상 앞머리에 놓이는 김춘수 시인을 통해 시적 언어의 용례와 구조가 만들 수 있는 스펙트럼의 시계視界를 폭 넓게 보여주고 후속 논의를 이끌어낼 수 있는 좋은 기회가 되었다.

2013년 12월 19일 쿄토에 있는 도시샤 대학교에서 열린 콜로키움의 주제는 〈비교문화론의 관점에서 본 일본과 한국〉이었다. 이 콜로키움은, 김동식 한국어문학과 교수와 한국학연구소 HK연구교수인 이화진 선생이 논문을 발표하고 이에 대해 도시샤대 코리아센터의 문학, 역사, 철학 분야의 연구자들이 자유롭게 의견을 개진하고 토론하는 형식으로 진행되었다. 김동식 교수는 「진화와 축제: 소설 『아랑은 왜』와 영화 〈라디오의 시간〉 읽기」라는 주제로 논문을 발표했다. 이 논문은 김영하의 소설 『아랑은 왜』와, 한국에는 〈웰컴, 미스터 맥도날드〉라는 제목으로 개봉된 미타니 고키 감독의 영화 〈라디오의 시간〉이라는 작품을 비교적으로 검토하여 상상력의 패턴과 서사구조의 상동성을 규명한 것으로 문화생산의 동아시아적 공통기저에 관한 치열한 토론을 이끌어내었다. 이화진 선생은 「스크린쿼터의 식민지적 기원: 일본의 영화제국 기획과 안티아메리카니즘」이라는 주제의 논문을 발표했다. 이 논문은 이미 해방 이전에도 일본과 조선에 스크린쿼터제가 존재했음을 실증해보이고 그것이 어떤 문화적 전략에 기반한 것인지, 또 각기 일본과 조선에서는 어떻게 그 작용과 효과를 달리했는지를 규명한 논문으로 도시샤 대학교 코리아센터의 문화, 역사 전공 연구자들로 하여금 하나의 정책과 두 개의 효과라는 의미에서의 식민지 문화경영 전략에 대해 새롭게 관심을 촉발하는 계기가 되었다.

두 개의 콜로키움은 각기 참여 청중의 전공과 수준을 고려하여 기획된 것이었으며 이는 적절한 선택이었다. 또한 결과적으로는 보다 폭 넓은 학술 교류의 필요성을 제기하기에 충분한 장이었다고 말할 수 있겠다.

제6회 동아시아한국학 학술세미나
남이 알아주지 않더라도 성내지 않는다면
(2014.5)

≡윤상수(인하대학교 한국학연구소 HK연구교수)

지난 5월 29일 정석학술정보관 대회의실에서 제6회 동아 시아한국학 학술세미나가 열렸다. 이번 세미나에서는 인문 학 서당 온고재溫故齋의 대표이신 이우재 선생님을 모시고 〈공자의 인간관 -'克己復禮爲仁'의 해석을 중심으로-〉라는 제목으로 강연을 듣고 토론하는 시간을 가졌다.

부끄럽지만, 처음 세미나에 대해 들었을 때 이우재라는 이름은 대단히 낯설었다. 뒤에 선생님이 7-80년대의 대표적인 운동권 투사이며, 지금은 인천지역에서 일반인들을 대상으로 동양의 고전을 강의하는 일을 하고 있다는 것을, 그리고 이미 『논어』와 『맹자』의 주석서를 낸 적도 있다는 사실을 알게 되었다. 처음 든 생각은 '길거리'의 운동권 투사가 왜 공자와 맹자 같은 '보수반동'에게 관심을 가지게 되었을까, 라는 것이었다.

선생님의 대답은, 92년 총선을 전후한 무렵, 세상을 원망하면서 "이제 다시는 그런 운동은 하지 않을 작정"을 하고 있었을 때, 우연히 다시 읽게 된 『논어』에서 "남이 알아주지 않더라도 성내지 않는다면 또한 군자가 아닌가?"(「학이」)라는 구절을 마주치게 된 것이 계기였다고 한다. 선생님은 이때 "내 비록 공자만한 큰 사람은 못되지만 그로부터 세상을 원망하지 않고 살아가는 법을 한번 배워보자"고 마음먹게 되었다고 한다.

선생님의 발표는 『논어』의 "극기복례위인克己復禮爲仁"에 관한 주희朱熹와 하안何晏, 정약용丁若鏞의 주석을 검토하고 나서, (역시 운동가답게) 공자가 말하는 인과 예에서 평등과 차별, 동질성과 다양성의 의미를 읽어내는 내용이었다. 내가 질문한 것은 주로 주희에 해석에 관한 문제였다. 나는 주희의 『대학혹문大學或問』, 특히 『주자어류朱子語類』의 내용을 가지고 선생님의 주희 해석에 대해 몇 가지 질문을 하였다.

뒤풀이 자리에서도 그런 얘기가 있었지만 『주자어류』는 읽기가 어렵다. 그 방대한 내용뿐만 아니라 백화체의 문장은 전공자들도 힘들게 만든다. 선생님처럼 중국의 고전에 뜻을 세우는 분들을 위해서라도, 『주자어류』만이 아니라 아직 관심을 받지 못하고 있는 많은 고전들을 좀 더 쉽게 접근할 수 있도록 하는 것이 이 일을 업으로 삼고 있는 사람들이 해야 할 일이라는 것을 새삼스럽게 생각하게 되었다.

〈한국의 한국학과 일본의 한국학 -학문후속세대의 시선-〉, 한국학 학문후속세대들의 국제적 네트워크를 꿈꾸며 (2014.8)

≡고자연(인하대학교 한국학연구소 연구원)

2014년 8월 7일(목), 본 연구소의 주최로 본교 5남 500호에서 '인하대-동경대 대학원생 학술교류회'가 열렸다. 이번 학술교류회의 주제는 〈한국의 한국학과 일본의 한국학 -학문후속세대의 시선-〉이었으며, 인하대와 동경대 대학원생을 주축을 이루는 가운데 일본의 히토츠바시 대학과 한국의 성균관대, 고려대, 동국대에 소속되어 있는 대학원생들도 함께했다. 방학이었음에도 불구하고 적지 않은 발표자와 토론자 그리고 청중들이 아침부터 저녁까지 자리를 지키는 열정을 보여주었고, 대학원생 학술교류회였던 만큼 발표와 토론, 사회 등 거의 대부분이 대학원생들에 의해 진행되었다.

이번 교류회는 총 3부로 구성되었으며, 발표자마다 지정 토론자를 배정하여 각각의 발표 이후 바로 토론을 이어가는 방식으로 진행되었다. 제1부에서는 석사과정생이, 제2부와 3부에서는 박사과정생이 발표를 했다. 먼저 1부에서 김경채(동경대 총합문화연구과)는 「민족과 국가의 사이: 1950년대 한국의 '동양'론」이라는 글을 발표했다. 이 글은 현재 준비 중인 석사논문의 계획서에 해당하는 것이었기 때문에 아직 세부적인 연구까지는 볼 수 없어 아쉬웠지만, 본 주제에 대한 고민에 대해 충분히 들을 수 있었다. 후지타 도모히테(동경대 인문사회계연구과)는 한국조선문화연구 역사문화 전공생으로 「조선민족청년단의 활동 -인천지역을 중심으로-」라는 주제로 발표를 했다. 그는 조선민족청년단의 정부 수립 이후 정치활동에만 주목해왔던 기존 연구들과 달리 '비정치'적인 측면에 대해 고찰하고자 했다. 1부 마지막 순서였던 강수환(인하대)의 발표 「유동하는 근대와 '잉여'가 되는 삶」은 과거를 다루고 있는 다른 발표들과 달리 '지금,

여기'를 살펴본 만큼 편안하면서도 가장 많은 공감을 불러 일으킬 수 있어 흥미로웠다.

2부에서는 첫 번째로 히토츠바시 대학 언어사회연구과 의 백은주 박사과정생이 「식민지시기 계명구락부의 경어 사용운동:『계명』,『계명시보』분석을 통해」라는 주제로 발 표를 했다. 이어 동경대 총합문화연구과의 아이카와 타쿠 야가 「경성의 모던과 전시戰時 −이상, 박태원, 정인택의 문 학과 식민지경험−」이라는 주제로 발표를 했다. 앞서 김경 채의 경우와 마찬가지로 아이카와의 발표도 박사학위논문 계획서에 해당하는 것이어서 세부적인 연구보다는 전체적 인 틀을 제시하는 정도였다. 2부 마지막 순서로 서울대에서 한국근대문학을 공부하고 있는 장문석 박사과정생이 「1939년 사회주의자의 출판 활동 −임화와 학예사−」라는 글을 발표했다. 식민지시기 당시의 출판문화를 알 수 있다 는 점에서 흥미로운 발표였다.

마지막 3부는 인하대 한국학과의 이동매 박사과정생의 발표로 시작되었다. 제목은 「이광수와 주작인의 민족개조」 로 현재 작성중인 박사학위논문의 주제이기도 하다. (반)식 민지 지식인이었던 이광수와 주작인이 민족개조에 주목했

다는 공통점에서 출발한 본 논문은 2014년 2학기에 발표예
정이다. 다음으로 동경대 총합문화연구과에서 언어정보과
학을 전공하고 있는 정실비 박사과정생이 「번역자로서의
김사량 -『모던일본: 임시증간호 조선판』 게재작 「무명無明」
을 중심으로-」라는 글을 발표했다. 이 발표에서는 김사량
의 글쓰기가 『조선판』이라는 잡지에 하나의 균열로서 존재
하는 양상을 밝히고자 했다. 이번 교류회의 마지막 발표자
는 동국대에서 한국현대문학을 전공하고 있는 조은애로
「'조국' 전쟁의 듣기/쓰기, 그 육화 (불)가능성 -한국전쟁기
김달수의 텍스트를 중심으로-」라는 글을 발표했다. 일본어
로 반식민 항쟁의 기억을 썼던 재일조선인 작가 김달수의
한국전쟁시기 작품들을 통해 그가 한국전쟁이라는 사건과
그 장소들을 어떤 방식으로 재현하고 연결 및 (재)분절하고
자 했는지를 살펴보았다.

한국을 비롯한 세계 곳곳에 있는 많은 한국학연구자들의
교류는 비교적 활발하게 진행되고 있다. 그렇지만 아직 학
위를 받지 못한 대학원생, '학문후속세대'들의 경우 교류가
쉽지 않은 게 사실이다. 그런 점에서 이번 '인하대-동경대
대학원생 학술교류회'는 비슷한 또래의 연구자들이 현재
무엇에 관심을 두고 있는지 알 수 있고, 얼마나 열정적으로

연구하고 있는지 서로 자극받을 수 있는 귀한 자리가 되었다. 이번 교류회는 하나의 시범적인 시도였지만, 앞으로 공식적인 행사로 자리 잡을 수만 있다면 또 하나의 국제적인 한국학 네트워크의 발판이 될 수 있을 것이라 기대해본다.

〈중첩된 정체성: 중화와 민족의 사이〉 국제학술회의(2014.12)

≡우경섭(인하대학교 한국학연구소 HK교수)

본 연구소는 지난 12월 11일(목) 본교 정석학술정보관 대회의실에서 〈중첩된 정체성: 중화와 민족의 사이〉라는 주제로 국제학술회의를 개최했다. 기조강연을 맡은 일본 와세다대 李成市 교수 이외에, 중국 煙台大 李文哲, 南京大 特木勒, 曉莊學院 馬康, 中國社會科學院 李花子, 浙江工商大 金俊, 延邊大 李洪錫 교수 및 필자 등 7명이 발표자로 참가한 이번 학술회의에서는 17세기 중반 이후 20세기 전반까지 약 300년의 기간 동안 동아시아 여러 민족들의 삶 속에서 발견되는 복합적이고 중층적인 정체성을 어떻게 이해할 것인가에 관한 문제가 논의되었다.

공식적인 회의는 하루에 불과했지만, 참석자들이 2박 3일간 밤을 지새우며 주고받은 이야기들을 대체로 정리하자면, 첫째는 중국이라는 공간적 중심의 변방에 존재했던 '오랑캐'들이 스스로의 삶을 동아시아라는 좌표 속에서 어떻게 설정하고자 했는가의 문제였다면, 둘째는 전통적인 중화주의적 세계관이 명청교체 이후 각 지역별로 다양한 면모를 드러내는 가운데 민족이라는 근대적 관념에 도달하기까지의 단계적 변화에 관한 고민이었다.

그리고 셋째로는 현재 한·중·일 3국에서 공통적으로 존재하는 이민자 내지 소수민족에 대한 차별과 더불어, 그들 민족적 소수자들이 차별과 동시에 감지하는 중층적 사명감에 관한 문제의식이었다. 즉 중심 내지 주류의 시각에서 그들을 '객관적'으로 관찰하고 해명할 수 있으리라 기대하는 것이 얼마나 큰 망상인지, 바로 그러한 망상에 대한 분노가 참석자들의 공통된 결론이었다.

경계를 넘어 소통을 염원하다: 〈동아시아 한국학 차세대연구자 포럼〉(2015.2)

≡우지현(인하대학교 한국학연구소 연구원)

2015년 2월 5일(목) 본교 정석학술정보관 대회의실(오전), 5남 413호·500호(오후)에서 〈동아시아한국학 차세대연구자 포럼〉이라는 주제로 동아시아한국학 학술회의가 개최되었다. 봄이 오는 길목에서 동장군이 마지막으로 부려보는 심술에도 적지 않은 연구자들이 이른 아침부터 참석하여 자리를 빛냈다. 이날 학술회의는 '차세대연구자'들의 학문에의 열정을 보여주기라도 하듯 여느 때보다 발표 인원이 많았기에 제1부 발표 이후로는 두 개의 세션으로 나뉘어 진행되었다.

제1부의 발표들이 국가의 경계를 넘어선 공통의 동아시아 담론 생성과 연구의 가능성을 펼쳐 보여주었다면, 이후 필자가 속해있던 제1세션에서는 동아시아한국학에 대한 어학과 문학 분야에서의 구체적 연구 성과들을 확인해볼 수 있었다. 제2부의 첫 번째 발표를 맡았던 오성애(중국해양대)는 「신구 집거지 조선족 언어 태도 비교 연구」에서 중국 내 신구 집거지 조선족들의 언어 태도를 언어 평가·언어 지향·언어 전망이라는 측면에서 실증적으로 비교 분석했다. 신구 집거지에서 다르게 나타나는 조선족들의 선호 언어 변화 과정을 통해 그들의 시선은 어디를 향해 가고 있는지 엿볼 수 있었던 시간이었다. 역시 어학 분야의 연구자인 김경혜(인하대)는 「1930년대 청자높임법 체계 연구」라는 글에서 기존 연구와는 다른 자신만의 차별화된 1930년대 청자높임법 등급을 설정하였는데, 과감한 주장도 그러하거니와 주장을 입증하는 과정이 방대한 자료를 바탕으로 한 것이어서 과연 차세대의 패기는 이러한 것이겠거니 수긍케 하는 지점이 있었다. 魏璋(인하대)의 「동사 '나가다'의 의미론」은 동사 '나가다'의 의미의 확정을 위해 중세국어까지 소급하여 살펴본 것으로 발표자의 연구에 대한 집념이 돋보였다.

한편 제3부 발표는 문학 분야의 연구자들이 이끌었다. 이사유(인하대)의 「1920년대 초기 한·중 동인지문학 비교연구」는 아직 완성되지 않은 학위논문의 초고 격으로, 기존에 학계에서 동인지의 대표작가 간의 비교 연구는 어느 정도 성과가 축적되었으나 동인지문학 비교 연구는 미미했음에 착안한 것이라 할 수 있다. 길지 않은 시기였으나 『창조』, 『폐허』, 『백조』가 가지던 각각의 특색과 거기에 몸담고 있던 동인들이 이후 한국문학에 미친 영향을 고려한다면, 1920년대 동인지문학 연구가 중국의 그것과 더불어 어떻게 변주되며 새로운 의미망을 생성할지 귀추가 주목되는 발표였다. 필자의 「한설야의 『금강선녀』 연구」는 그간 주로 일반문학에서 연구되던 월북 작가 한설야의 장편 동화를 연구한 것으로 졸렬한 글이나 성인문학과 아동문학, 남한 아동문학과 북한 아동문학 간의 소통을 염원하는 데서 출발한 것이다. 제3부의 마지막 발표자인 강수환(인하대)는 「1920-1930년대 한국소설 속 결핵과 위생담론」이라는 글을 발표했는데, 결핵의 양태를 일제의 위생담론과 위생 정책의 변화 과정 안에서 추적한 것이 흥미로웠다. 질병의 메타포는 당대 현실의 문화적 코드를 읽어내는 하나의 관점이 될 수 있다는 점에서 여전히 중요롭고, 언제나 매혹적이다.

이날 발표에서 발표자들의 발표만큼이나 활기를 띄었던 것은 기존 연구자들의 열성적인 논평이었다. 예리한 지적과 따뜻한 조언으로부터 후학에 대한 진심 어린 애정이 느껴졌다. 앞으로도 세대의 경계와 국경을 넘는 이와 같은 소통의 자리가 지속적으로 이어지길 고대해본다.

〈제3회 한국학 국제 학술대회〉
'복수의 한국학'의 외연을 확장하기 위한 실질적 한 걸음(2015.6)

≡조강석(인하대학교 한국학연구소 HK교수)

지난 6월 20일과 21일 양일 동안 폴란드의 포즈난에 있는 아담 미츠키에비치 대학교에서 한국학 관련 컨퍼런스가 개최되었다. 이 컨퍼런스의 정식 명칭은 〈Fourth International Conference on Korean Humanities and Social Sciences〉이며 올해로 3회째를 맞는 행사이다. 모두 14명의 발표자가 한국의 언어와 문학, 그리고 문화와 역사와 관련된 폭 넓은 관심사를 반영하는 논문을 발표했다. 참가자들은 한국, 폴란드, 미국, 프랑스, 독일에서 한국학을 전공하는 학자들로 구성되었으며 주제 역시 한국의 샤머니즘, 풍납토성 발굴의 의의, 남북한의 한자 정책, 개화기 한국 저널리즘 연구 등 다방면에 걸쳐 있었다. 또한 모든 논문이 영어로 발표되었고 진행 및 토론 역시 영어로 이루어졌다. 본 연구소에서는 김만수 소장이 'Aspect of Korean Literature according to the Stages of Economic Growth: Focused on the Korean Novel Mirroring the America'라는 주제로 발표를 했고 필자가 'The Recognition and Representation of Eastern Europe in Korean Literature'라는 주제의 논문을 발표해 컨퍼런스에 참여한 여러 학자들의 관심과 흥미를 이끌어내었다.

이번 컨퍼런스는 유럽 내에서 한국학의 연구 동향을 확인하고 앞으로의 과제를 점검하는 중요한 전기가 될 것이다. 실제로 유럽 내의 여러 단위에서 한국학 연구를 진행하고 있지만 좀처럼 그 현재적 위상이나 지금까지의 성과 및 앞으로의 과제가 망라되는 기회는 드물다. 아담 미츠키에비치 대학교의 현대 언어 문화 학부가 한국학을 중점적으로 육성하고자 하는 이유도 폴란드 내에서, 나아가 유럽 내에서 한국학 연구가 망라되는 거점이 되고자 하는 장기적 계획 때문이다. 그런 의미에서 볼 때 이번 컨퍼런스의 의의는 학문적인 차원에만 그치지 않는다. 이번 컨퍼런스를 계기로 아담 미츠키에비치 대학교 현대 언어 문화 학부와 인하대학교 한국학연구소가 한국학 연구의 외연을 넓히기 위해 실질적 협력을 강화하기로 합의했기 때문이다. 이미 두 대학 사이에는 2015년 상반기에, 교환 학생 제도를 포함한 포괄적인 교류 협정이 체결된 바 있다. 이번 행사에서는 교류를 실질적으로 강화하고 책임감을 공유하기 위한 조금 더 실질적인 조치들에 대한 합의가 이루어졌다. 영문학술지인 International Journal of Korean Humanities and Social Sciences와 인하대학교 한국학연구소가 발행하는 『한국학연구』 사이의 연계 및 교류를 강화하고 편집을 공유하는 방안, 한국학 관련 컨퍼런스를 양교가 교대로 주최하는 방안 등이 폭 넓게 논의되고 합의되었다.

본 연구소의 주요 의제인 '복수의 한국학'과 관련하여 동아시아적 지평의 연구는 앞으로도 그 내포적 함의를 심화해 나갈 것이다. 이번 컨퍼런스는 '복수의 한국학'의 또 다른 지평을 넓히고 그 외연을 확장해나가는 데 있어 실질적인 방법과 방향을 마련해 나가는 중요한 계기가 되었다.

〈아시아재단과 냉전의 한국문화(1)〉 학술회의 (2015.10)

≡정종현(인하대학교 한국학연구소 HK교수)

지난 2015년 10월 31일(토)에 인하대학교 정석학술정보관 6층 대회의실에서는 본 연구소와 한국연구재단 일반공동연구 '아시아재단 연구팀'의 공동주최 학술회의 〈아시아재단과 냉전의 한국문화(1)〉가 개최되었다. 아시아재단은 1950년대 초반 이래 자유민주주의를 추구하는 건전한 시민사회의 육성을 통해 반공 진영을 강화한다는 목표를 내걸고 아시아 각국에 적극적인 지원을 수행해 온 미국의 민간기구이다. 아시아재단은 샌프란시스코에 본부를 두고 아시아 14개 지부와 행정 서신을 주고받으며 사업을 진행했다.

1950-60년대의 재단 관련 서류들은 현재 미국 스탠포드 대학 내 후버 아카이브에 소장되어 있다. '아시아재단 연구팀'은 스탠포드 대학 후버 아카이브에서 3주 동안 한국 관련 서류를 촬영 분류한 후 매달 세미나에서 공동 번역과 분석을 통해 자료를 정리했다고 한다. 이번 학술회의는 이러한 세미나의 성과를 토대로 하여 9명의 연구자들이 각각의 영역에서 진행한 연구 결과를 발표하는 자리였다.

이날 첫 발표는 아시아재단의 위치를 이해하기 위해서 우선 거시적인 차원에서 1950-60년대 미국 민간재단의 대한국 원조 전체를 개괄적으로 검토하는 발표(이봉범)가 있었다. 이 발표를 통해서 아시아 재단을 비롯한 포드 재단, 록펠러 재단, 한미 재단 등 미국의 대표적인 민간재단의 한국 지원의 연도별 항목별 총액과 각 재단별 지원의 특색 있는 차이점 등이 분석되었다. 이러한 거시적인 조망 이후 아시아재단 예산 서류의 연도별, 부문별 예산 세목을 통해서 1950년대 말까지 아시아재단이 한국 사회와 문화 부분에 지원한 구체적인 실상을 검토한 발표(이순진)가 이루어졌다. 예산의 일람을 통해서 아시아재단의 지원이 문화/예술/지식인 개인들에게 집중되었고 각종 사회 문화 단체 등 정신적이고 문화적인 차원에 지원이 집중되었음을 확인할 수 있었다. 이후 각론 차원에서 한국학 및 학술 분야의 육성을 위한 사회과학연구도서관(한국연구도서관) 지원에 대한 발표(정종현), 펜클럽 지원에 대한 발표(박연희), 소설가 김말봉, 만화가 김용환, 극작가 유치진 등의 문화 예술 분야의 에이전시들의 미국 기행과 그에 대한 보고서 등에 대한 분석과 발표(이선미, 공영민, 김옥란) 등이 이루어졌다. 특히 '아시아재단'의 1950년대 아시아영화(제)에 대한 지원을 국제적 시야에서 검토하며 냉전 아시아 문화 분석의 국제적 협력 연구의 가능성을 보여준 싱가포르 난양 공과대학의 이상준 교수의 발표가 인상적이었다.

아시아재단은 중국의 공산화와 세계적 냉전체제가 작동한 1950년대에 탈식민지 아시아 각국에 미국식 가치와 라이프스타일을 전파하며 자유민주주의를 축으로 하는 소프트한 헤게모니의 관철을 추구했다. 정신과 문화의 측면에 중점을 두었다는 점에서 경제적인 원조에 치중했던 미 국무성의 원조나 여타 민간 재단과는 구별되는 기구였다. '아시아재단 연구팀'은 이러한 재단 원조의 구체적인 양상을 아카이브의 자료를 토대로 재구성하면서, 한국의 지식인과 문화예술인들이 아시아재단의 의도를 어떻게 전유하고 변용 굴절하며 자신의 주체성을 구성해 갔는가를 함께 고찰하는 관점을 선보였다. 이 프로젝트팀의 연구는 차후로도 2년간 더 진행될 예정이거니와 한국의 냉전문화의 한 단면을 드러내 줄 그 연구 결과가 자못 기대된다.

〈책 읽기와 트랜스내셔널 문화 정치: 해방 70년의 한국 독서문화사〉 학술회의

≡이화진(인하대학교 한국학연구소 HK연구교수)

지난 1월 30일(토), 성균관대학교 경영관에서 본 연구소와 반교어문학회가 공동으로 주최한 〈책 읽기와 트랜스내셔널 문화 정치: 해방 70년의 한국 독서문화사〉 학술회의가 개최되었다. 이 학술회의는 해방 이후 지금까지 한국 독서문화의 역사를 재구하고, 독서문화사 연구의 방법을 모색한다는 취지에서 기획되었다. 한국의 문학연구가 작가와 정전 중심의 연구에서 문학제도와 담론, 문학 장에 대한 탐구로 시야를 확장한 지난 십여 년 간의 연구 풍토에서 '독자성(readership)'에 관한 관심 또한 꾸준히 전개되었던 만큼,

이날 학술회의에는 많은 문학 연구자들이 참여해 성황을 이루었다.

학술회의는 제1부 '한국 독서문화와 트랜스–내셔널리즘'과 제2부 '책 읽기의 문화 정치'로 나뉘어 진행되었다. 제1부에서는 소설 『25시』의 작가 콘스탄틴 게오르규가 냉전 체제 하의 한국에서 어떻게 수용되었는가에 대한 연구(이행선)와 전후세대 엘리트들의 문화적 실천의 구체적 성과이자 4·19세대의 문학적 자양분으로서 신구문화사의 『전후세계문학전집』을 조명한 연구(이종호), 한국문학의 변두리 콤플렉스를 자극해온 노벨문학상을 둘러싼 담론이 한국문학의 자기 인식 및 세계문학의 상상과 관계되어 온 양상에 대한 연구(정종현), 그리고 1960~70년대 베스트셀러 담론을 검토하고 이와 관련해 청년 세대 독자들의 미국 대중소설의 수용 사례를 검토한 연구(이용희)의 발표가 있었다. 비서구 지역에 위치하고, 언어적으로는 마이너리티에 속하는 한국어 독자가 문학이라는 보편적인 예술을 통해 세계와 접속하고 세계의 문학을 상상해온 과정에 서구중심적인 편향성과 번역의 비대칭성이 작용해온 양상, 그리고 이러한 트랜스내셔널한 문학 수용이 '전후', '(탈)냉전', '제3세계', '비판적 지성' 등 당대의 키워드와 접촉했던 맥락에 대한 탐색이 흥미로운 시간이었다. 한편, 제2부 '책 읽기의 문화 정치'에서는 '책 읽기'의 역사를 어떻게 조명하고 서술해야 하는가라는 질문 하에 한국 현대 독서사 서술의 방법에 대한 모색(천정환), 글쓰기와 책 읽기의 매개이자 독서 시장의 형성에 상당한 영향을 미치는 서평문화에 대한 역사적 고찰(허민), 그리고 '부재'와 '부정'의 방식으로만 기입되었던 여성 독자의 독서문화를 1980년대의 사회문화적 맥락에서 탐구한 사례 연구(오혜진) 등이 발표되었다.

이날 발표자와 토론자, 그리고 청중 간의 토론에서 주로 논의되었던 것은 (학술회의 제2부에서도 강조되었던) '책'과 '책 읽기' 사이의 차이와 관련한 내용이었다. 책을 구매하고 소유하는 것과 책을 읽는 것, 책을 속독하는 것과 책을 곱씹어 읽는 것, 독서의 기록을 남기는 것과 그저 읽기만 하는 것 등 독서주체와 독서경험을 둘러싼 다양한 층위의 문제들을 어떻게 다룰 것인가가 여전히 중요한 연구 과제로 남았다. 이번 학술회의는 실증적 작업을 바탕으로 '책 읽기의 역사'에 대한 풍부한 탐구와 그 방법을 모색해온 발표자들의 성과를 공유하는 한편으로, 근본적으로 '읽는다는 것'의 의미가 무엇인지를 성찰하게 함으로써 '글쓰기'와 '책 읽기'의 힘을 믿고 있는 연구자들 모두에게 뜻 깊은 자리가 되었다.

〈인천 문학산성 복원과 보존 방향〉을 모색하는 콜로키움(2016.5)

≡임학성(인하대학교 한국학연구소 HK교수)

    2016년 5월 25일(수), 본교 정석학술정보관 6층 대회의실에서 인천광역시 역사자료관·인천시사편찬위원회와 본 연구소가 공동 주최한 〈인천 문학산성 복원과 보존 방향〉을 모색하는 콜로키움이 열렸다. 이 콜로키움은 인천에 소재한 山城의 역사적 가치를 재조명하기 위한 연속 프로그램 중 하나로, 이번에는 인천 역사의 발상지로 인식되어온 문학산성이 그 대상이었다.

문학산성은 인천시 기념물 제1호로 지정되어 있는 데에서도 알 수 있듯이 인천 역사와 문화의 대표성을 지니고 있다. 인천 역사의 개창을 알려주는 비류沸流의 '미추홀' 건국 사실(『삼국사기』), 그리고 문학산 일대에서 확인된 고고학적 발굴성과들로써 증명된다. 그렇지만 문학산 정상부에 축조된 문학산성은 군사시설이 들어서 있던 지난 50년 동안 일반인의 접근이 불허되어 제대로 된 학술조사가 이루어지지 못했다. 그러다가 작년 10월에 '부분적'이나마 개방이 허락되면서 오랜 세월을 겪으면서 훼손되고 변질된 문학산성을 복원/보존해야 한다는 숙제를 떠안게 된 것이다.

이러한 당면과제에 걸맞게 이날 콜로키움에서는 3명이 전공자가 문학산성의 훼손·변질 현황 및 보존 관리 방안, 조사 발굴 현황, 복원 쟁점 및 방향 등에 대해 주제발표를 하였다. 발표자들은 대체로 문학산성의 복원은 필요하지만 진정성이 결여된 창조 방식이 되어서는 결코 안 된다는 일치된 의견을 제시하였다. 아울러 "원형 고증을 전제로 문학산성이 정비·복원되어야 함"(백종오 한국교통대학 교수), "문학산성 주변 유적에 대한 조사가 병행되어야 함"(이희인 인천시립박물관 유물관리 부장, 박성우 인하대 박물관 선임연구원)이 강조되기도 하였다. 이러한 주제발표에 대한 약정토론 및 자유

토론을 맡은 참석자들도 그 기본 원칙과 방향성에 모두 공감하였다. 결과적으로 이날 콜로키움은 "철저한 학술조사가 배제된 문학산성의 복원은 반대한다"는 강령綱領을 확보하는 큰 성과를 얻었다.

이날 콜로키움 현장에 대한 스케치로써 꼭 추가할 내용이 있다. 주최 측이 해당 주제의 전문가만을 초청하여 발표와 토론(약정 및 자유)을 함으로써 심도 있는 학술의 장을 갖는 것으로 기획했음에도 불구하고 예상 외로 인천에서 활동하는 역사·문화 관계자 및 기자, 시·구 공무원들이 대거 참여하였다. 이는 문학산성의 복원과 보존 문제가 '인천의 정체성 정립'을 위한 첫 걸음임을 여실히 보여 주었던 것이 아닌가 싶다

〈제4회 한국학 국제 학술대회(Fourth International Conference on Korean Humanities and Social Sciences)〉 (2016.8)

≡조강석(인하대학교 한국학연구소 HK교수)

　　2016년 8월 18, 19일 양 일 간 인하대학교 60주년 기념관 101호에서 〈제4회 한국학 국제 학술대회(Fourth International Conference on Korean Humanities and Social Sciences)〉가 열렸다. 이 학술대회는 작년까지 폴란드 아담미츠키에비치 대학교 에서 주최되어 왔는데 이번엔 인하대학교 한국학연구소와 아담미츠키에비치 대학교 한국어문학과의 공동 주최로 인 하대학교에서 개최되었다. 본 학술대회에는 한국학과 관련된 국내외 학자들의 폭넓은 참여가 이루어졌다. 폴란드, 미국, 중국, 인도네시아, 그리고 한국의 학자들이 한국학과 관련된 인문학과 사회과학 방면의 다양한 주제에 대해 발표를 했고 자발적으로 열띤 토론을 이어갔다.

이번 학술대회는 발표자 수만 해도 17명에 달하는 등 그 양적인 규모에 있어서도 최근의 한국학 관련 국제학술대회 가운데에서 눈에 띄는 것이었음은 물론이지만 발표 주제에 있어서도 문학, 영화, 어학, 번역, 사회학 등을 망라하는 등 질적인 수준에서도 충분한 성과를 남겼다. 특히 이번 학술대회에서 모든 발표와 토론이 영어로 진행되었으며 그 학문적 성과는 폴란드에서 발행되는 국제저널과 인하대 한국학연구소에서 발행되는 『한국학연구』에 게재될 예정이어서 결과적으로 한국학연구의 국제화에 일조를 할 수 있을 것으로 기대된다.

각별히 이번 학술대회를 통해 두 가지 사실이 확인되고 세 가지 과제가 남겨졌다고 할 수 있다. 첫째, 한국학은 이미 국내뿐만이 아니라 해외 연구자들에게도 중요한 연구 분야로 자리매김하고 있다는 것, 둘째, 국내외 한국학 관련 연구 성과가 이미 예비적 단계나 초보적 단계를 벗어나 심화되고 있다는 것 등을 확인할 수 있었다. 따라서 한국학의 국제화를 위해서는 보다 많은 물적, 인적 교류와 이를 위한 지원이 필요하다는 것, 국내외 한국학의 학문적 성과를 갈무리하기 위해 학술저널의 국제화를 늦출 수 없다는 것, 그리고 무엇보다도 교육과 후속 연구의 차원에서 한국학 관련 범주와 그 실정성에 대한 창의적 모색이 더 절실하게 요청된다는 것을 이번 학술대회를 통해 확인된 성과와 남겨진 과제로 정리할 수 있겠다.

'동아시아 해항도시 학술회의'의 5년을 돌아보며(2016.11)

≡박준형(인하대학교 한국학연구소 HK연구교수)

　　지난 11월 24일과 25일 양일간에 걸쳐 인하대학교의 개교 60주년 기념관에서는 〈2016 동아시아 해항도시 학술회의: 해항도시, 축적된 과거와 미래의 발굴〉이라는 제목의 학술회의가 열렸다(25일은 답사). 일찍이 2010년 6월에 목포대 도서문화연구원, 부산대 한국민족문화연구소, 제주대 탐라문화연구소, 한국해양대 국제해양문제연구소 등 한국의 주요 항구도시에 위치한 5개 연구기관은 상호교류협정을 맺고 공통의 아젠다를 중심으로 매년 순차적인 학술교류를 통해 인문학 연구의 발전을 도모하기로 합의하였다.

이에 따라 2011년부터 인하대를 시작으로 부산대, 목포대, 한국해양대, 제주대가 차례대로 국제학술회의를 주관하였고, 2016년인 올해에는 다시금 인하대가 주관하게 된 것이다.

앞서 언급했던 학술회의의 취지가 각 섹션의 발표들에 충실히 반영되었는가는 이론의 여지를 남긴다. 다만 도시에 대한 연구적 관심이 대체로 수도인 서울에 집중되어 온 상황에서, 각 지역의 대학연구기관들이 매년 한 자리에 모여 학술적 교류를 이어오고 있다는 사실은 그 의미가 남다르다. 이러한 모임은 해외 대학에도 영향을 미쳐 지난 2013년에는 「동아시아 해항도시 학술회의」를 모델로 하여 복단대 역사지리연구센터가 주관하고 본 연구소를 비롯하여 남개대 역사학과, 중산대 아태연구원, 절강대 사회과학연구원, 상해항해박물관이 공동 주최하는 국제학술회의가 개최되기도 하였다. 새로운 연구성과는 특별한 기획 이전에 연구자들 간의 만남과 교류를 통해 만들어진다. 그러하기에 앞으로도 「동아시아 해항도시 학술회의」가 이어지기를 기원한다.

나아가 각 연구기관마다 머지않아 HK사업을 마무리하

게 되는 이 시점에 맞추어, 지금까지의 연구 성과들을 어떻게 사회화할 것인가, 또는 사회와 소통하기 위한 연구 및 연구방법이란 무엇인가에 대한 고민들을 공유하고자 하였다. 해항도시에는 전근대부터 현대에 이르기까지 각 시대의 특징을 품은 역사의 층위들이 축적되어 있으며, 육지와 바다가 경계한 곳인 만큼 시대적 조류가 남긴 흔적 또한 크다. 이와 같은 변화들이 아로새겨진 과거는 그 자체로서 문화적 자산이 되어 최근에는 도시재생에 활력을 불어 넣어 주기도 한다. 우리는 과거의 지층 속에서 어떤 미래를 어떻게 발굴해 낼 것인가. 이에 대한 답 또한 학술회의를 통해 구할 수 있기를 기대하였다.

학술회의는 위와 같은 문제의식으로부터 세 개의 섹션으로 구성되었다. 제1섹션은 해항도시의 연구방법 및 사회적 소통과 관련한 것으로, 한국해양대 국제해양문제연구소 소장 정문수의 「해항도시 문화교섭 연구와 사회적 소통」과 일본 히토쓰바시대 교수 가토 게이키의 「조선식민지지배와 해항도시: 지역사연구의 가능성」이라는 발표로부터 시작되었다. 이어서 제2섹션은 지역을 넘어선 연구방법의 실제들로서, 구모룡의 「관부연락선과 해항도시 문화의 양상」, 박준형의 「'조계'에서 '부'로: 1914년 한반도 공간의 식민지

적 재편」, 서영표의 「섬, 바다, 그리고 관광객의 시선: 정주
와 이동의 사회학」이 발표되었으며, 제3섹션에서는 윤현정
의 「문화콘텐츠 디지털 아카이브 연구: 인천지역 문화원형
을 중심으로」, 김치완의 「문화적 형식으로 '재현'된 2010년
대 근대해항도시 제주의 '양가성'」, 곽수경의 「개항 이후 서
남바닷길의 성쇠와 대중매체 속 목포의 이미지」 등 현재가
과거를 재현해 내는 다양한 방식들에 관한 발표들이 이어
졌다.

앞서 언급했던 학술회의의 취지가 각 섹션의 발표들에
충실히 반영되었는가는 이론의 여지를 남긴다. 다만 도시
에 대한 연구적 관심이 대체로 수도인 서울에 집중되어 온
상황에서, 각 지역의 대학연구기관들이 매년 한 자리에 모
여 학술적 교류를 이어오고 있다는 사실은 그 의미가 남다
르다. 이러한 모임은 해외 대학에도 영향을 미쳐 지난 2013
년에는 〈동아시아 해항도시 학술회의〉를 모델로 하여 복단
대 역사지리연구센터가 주관하고 본 연구소를 비롯하여 남
개대 역사학과, 중산대 아태연구원, 절강대 사회과학연구
원, 상해항해박물관이 공동 주최하는 국제학술회의가 개최
되기도 하였다. 새로운 연구성과는 특별한 기획 이전에 연
구자들 간의 만남과 교류를 통해 만들어진다. 그러하기에

앞으로도 〈동아시아 해항도시 학술회의〉가 이어지기를 기
원한다.

〈제5회 한국학 국제 학술대회
(5th International Conference on Korean Humanities and Social Sciences)〉
(2017.2)

≡윤현정(인하대학교 한국학연구소 HK연구교수)

2017년 2월 17, 18일 양일간 폴란드 북서부 발트해 연안에 위치한 코워브제크(Koɫobrzeg)의 해양학교(Zespóɫ Szkóɫ Morskich im. Polskich Rybakow i Marynarzy w Koɫobrzegu)에서 〈제5회 한국학 국제 학술대회(5th International Conference on Korean Humanities and Social Sciences)〉가 열렸다. 본 학술대회는 인하대학교 한국학연구소와 아담 미츠키에비치(Adam Mickiewicz) 대학교 한국어문학과가 공동 개최하여 올해로

5회째를 맞는 국제학술대회로 2016년 인하대학교, 2015년 아담 미츠키에비치 대학이 위치한 폴란드 포즈난(Poznań)에서 개최된 바 있다.

이번 학술대회에는 한국학과 관련된 다양한 전공의 국내·외 연구자들이 참여하여 각자의 연구를 발표하고 자유로운 토론을 통해 교류하며 그 성과를 발전시켜나갔다. 어학, 문학, 사학, 영화, 게임 등 다양한 분야를 포괄하는 발표 주제 덕에 학술대회 내내 흥미로운 발표와 토론이 이어졌다. 본 학술대회에 발표된 원고는 예년과 마찬가지로 폴란드에서 발행되는 국제저널과 한국학연구소에서 발행되는 『한국학연구』를 통해 게재될 예정이다. 이는 한국학 연구성과의 국제화를 위해 본 연구소와 아담 미츠키에비치 대학이 지속적으로 진행해 온 공동작업의 일환이다.

어느덧 5회째를 맞이하며 안정기에 접어든 본 학술대회는 양적 규모의 확보와 질적 성장이라는 두 가지 측면 모두에서 긍정적인 성과를 달성했다. 특히 이번 학술대회는 한국과 폴란드라는 공동 주최국이 지속적인 협력을 통해 모색해야할 구체적인 방향성을 진지하게 고민하고 논의하는 자리였다는 점에서 그 의의가 크다. 한국과 폴란드 양국은 지리적, 역사적 차원에서 다수의 유사점을 지니고 있는데 양국의 학자들이 상호교류하며 새로운 연구 분야를 고민하고 개척할 수 있는 가능성이 이 자리를 통해 제기되었다. 보다 확장된 한국학의 가능성과 그 실질적 방안에 대한 논의가 본 학술대회를 통해 지속적으로 이루어질 수 있기를 기대한다.

〈냉전시대 '자유 아시아'의 문화/미디어 네트워크〉 학술회의(2017.6)

≡이순진(인하대학교 한국학연구소 연구교수)

인하대학교 한국학센터는 한국영상자료원과 공동으로 2017년 6월 29, 30일 양일에 걸쳐 〈냉전시대 '자유 아시아'의 문화/미디어 네트워크〉라는 주제로 국제학술회의를 개최했다.

인하대학교 정석학술정보관에서 있었던 학술회의 첫째 날(29일) 행사는 "아시아재단과 아시아/한국의 냉전문화"를 주제로, 한국영상자료원 시네마테크 KOFA에서 있었던 둘째 날(30일) 행사는 "냉전의 시청각 문화와 미디어 네트워크"라는 주제로 열렸다.

첫날 행사는 2014년 11월부터 3년 간 "아시아재단과 냉전의 한국문화"라는 연구과제를 수행해온 인하대학교 한국학연구소가 그간의 연구 성과를 국내외 학자들과 공유하는 자리였다. 특히 미국 조지타운 대학교 석좌교수이자 1963년에서 1968년, 1994년에서 1997년 아시아재단 한국지부의 대표를 역임한 바 있는 데이비드 스타인버그(David Steinberg) 교수가 참석하여 「미국과 한국: 냉전 맥락에서 문화의 재건과 아시아재단의 역할」을 주제로 키노트 강연을 하고 질의응답 시간을 가졌다.

스타인버그 교수는 오랜 현장 활동에서 얻은 자신의 풍부한 경험을 소개하는 동시에, 냉전문화를 연구해온 학자로서의 식견을 보여주었으며 질의응답 시간에는 자리에 참석한 국내 학자들과 생산적인 토론을 펼쳤다. 그밖에 대만 정치대학교의 최말순 교수가 대만에서 아시아재단의 문단 지원 활동과 대만 문학의 경향에 대한 연구를 발표하였고, 정종현(인하대), 김옥란(극동대), 박연희(동국대), 심혜경(순천향대), 공임순(서강대) 등이 각각 전통문화, 유치진과 드라마센터, 국제 펜클럽, 고황경 등의 한국 농촌가족생활 연구,

서울대 사회사업학과에 대한 아시아재단의 지원과 그 역사적 의미에 대한 연구를 발표하였다. 시카고 대학교의 최경희 교수를 비롯하여 권보드래(고려대), 장세진(한림대) 등이 토론자로 참석, 열띤 토론을 이어갔다.

둘째 날의 학술회의는 미국 국립문서보관소(NARA) 소장 자료를 기반으로 연구를 진행해온 한국영상자료원 영화사연구소와 인하대학교 한국학연구소가 공동으로 주최한 행사였는데, 특히 영화를 비롯한 시청각미디어의 전지구적 확산에 개입한 에이전시들, 확산의 양상, 그것이 갖는 의미 등에 대한 논의가 이루어졌다.

캐나다 사이먼 프레이저 대학교(Simon Fraser University)의 조이 드루익(Zoë Druick) 교수가 1950년대 유네스코의 시각미디어 활동에 대해서, 싱가폴 난양공대(Nanyang Technological University)의 이상준 교수가 아시아재단의 아시아 영화산업에 대한 지원에 대해서 발표하였다. 국내 학자로는 조준형, 위경혜, 이순진, 박현선, 공영민 등이 미군정기에서 1960년대에 이르는 한국의 시청각 문화에 대한 연구들을 발표하였고, 허은(고려대), 이화진(인하대), 박선영(고려대) 등이 토론자로 참석하였다.

금번 학술행사는 다양한 국내외 학자들이 장기간에 걸친 공동의 연구 성과들을 발표하고 토론함으로써 일국적 범위에 머무를 수 없는 냉전문화에 대한 향후 연구방향을 모색하는 자리였다. 이와 같은 공동 연구팀의 운영과 학술적인 국제교류는 냉전문화 연구에 있어서 국제적 협업의 바람직한 한 모델을 보여주는 사례로 자리매김할 것이다.